펼쳐라! 말문이 열릴 것이다!

핑거 스피치

펼쳐라! 말문이 열릴 것이다!

핑거 스피치

김현기 지음

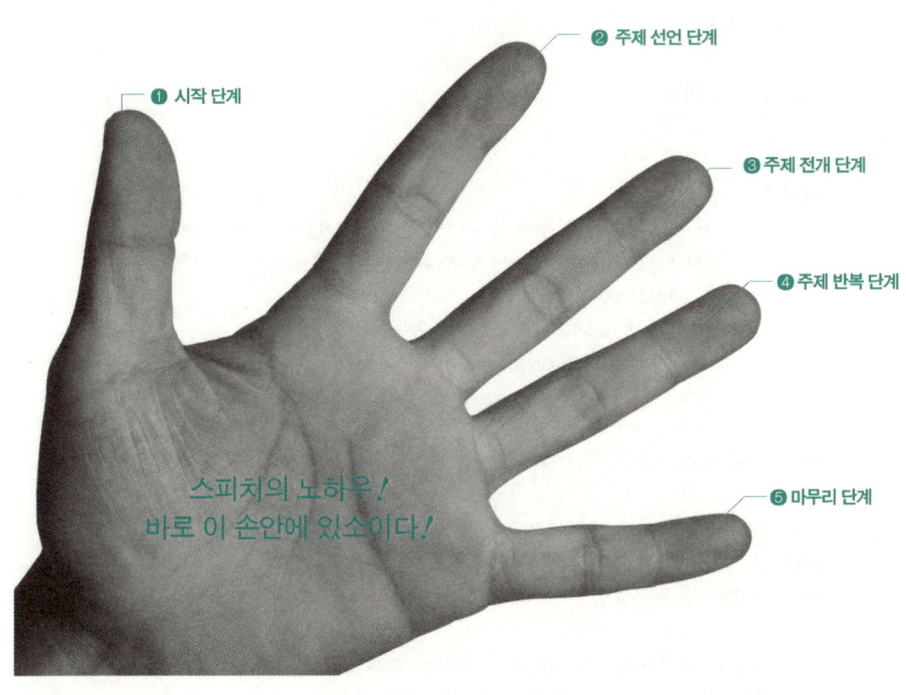

❶ 시작 단계
❷ 주제 선언 단계
❸ 주제 전개 단계
❹ 주제 반복 단계
❺ 마무리 단계

스피치의 노하우!
바로 이 손안에 있소이다!

한국문화사

핑거 스피치

1판 1쇄 인쇄일 · 2008년 7월 15일
2판 1쇄 발행일 · 2008년 9월 10일

지은이 | 김현기
펴낸이 | 김진수
편 집 | 진정미
펴낸곳 | 한국문화사
　　　　133-823 서울시 성동구 성수1가 2동 656-1683 두앤캠B/D 502호
　　　　전화 • 02)464-7708(대표) 3409-4488(편집부) 468-4592~4(영업부)
　　　　팩스 • 02)499-0846
　　　　등록번호 • 제2-1276호(1991.11.9 등록)
　　　　e-mail • hkm77@korea.com
　　　　homepage • www.hankookmunhwasa.co.kr

ISBN 978-89-5726-560-4　03700

*책 가격은 뒤표지에 표시되어 있습니다.
*잘못된 책은 교환해 드립니다.
*인지가 없는 것은 무효임.

　　이 도서의 국립중앙도서관 출판사 도서목록(CIP)은 e-CIP 홈페이지
　　(http://www.nl.go.kr/cip.php)에서 이용하실 수 있습니다.
　　(CIP제어번호 : CIP2008001695)

ⓒ 김현기, 2008.

| 머리말 |

　스피치를 쉽게 풀어나가는 방법은 없을까요? 우리는 다양한 스피치 상황을 맞이하게 됩니다. 이럴 때 적절한 말을 할 수 있으면 얼마나 좋겠습니까? 그러나 막상 실제 상황에서는 어렵기만 합니다. 어떤 순서로 말을 풀어나가야 할지 어떤 말을 해야 할지 당황하기 쉽습니다. 뭔가 좋은 방법은 없을까? 갖가지 상황에 부딪혔을 때 쉽게 참고할 수 있는 책은 없을까? 많은 분이 이런 책이 있었으면 좋겠다는 말씀을 필자에게 해 왔습니다.

　예전에 사극 드라마에서 한명회가 "모든 것은 내 손안에 있소이다."란 말을 했는데, 그 말이 한창 유행하던 시절이 있었습니다. 필자는 성공적인 스피치, 멋진 스피치의 비책도 바로 한명회의 이 말처럼 내 손안에 있다는 사실을 알려 주는 책, 즉 손가락을 활용한 핑거 스피치 북을 집필해 보겠다고 평소 생각해 왔습니다.

　그렇게 해서 탄생한 책이 바로 『핑거 스피치』입니다.

　사람은 누구나 손가락을 가지고 있습니다. 핑거 스피치는 다양한 상황에서의 스피치를 다섯 손가락에 대입해서 말을 쉽게 풀어나갈 수 있게 하였습니다. 이 책은 필자가 틈틈이 집필한 스피치 원고들과 강의 자료 중 독자 여러분께 즉

각 도움이 될 만한 실용적인 부분들을 엄선하여 담았으며, 2006년 처음 출판된 『김현기 교수의 파워 스피치 특강』의 내용에서도 좋은 부분들을 선별하여 핑거 스피치의 성격에 맞게 재구성하였습니다. 이 책에서 제시한 항목과 내용을 그대로 쓸 수도 있겠지만, 상황에 맞게 융통성을 발휘해서 활용하시기 바랍니다.

스피치의 이론보다는 실용적인 측면에 초점을 맞춘 생활 화법 책 『핑거 스피치』로 독자 여러분께 다시 인사를 드리게 되어 기쁘기도 하지만, 좀 더 다양한 스피치 상황을 『핑거 스피치』에서 다루지 못한 아쉬움도 남습니다.
하지만 출판을 준비해 나가면서 세월이 갈수록 책은 채워가는 것이고, 마음은 비워가는 것임을 새삼 깨닫게 되었습니다.

스피치를 잘하기 위한 비책은 어디 있을까요? 바로 여러분의 손안에 있습니다. 핑거 스피치를 참고하여 실제 상황에서 여러분의 손바닥을 펼쳐 보세요.
독자 여러분의 큰 발전을 바랍니다.

끝으로 이 책의 초고를 꼼꼼히 읽어 주시고, 조언과 격려를 아끼지 않으신 박형익 은사님께 감사의 마음을 전합니다.

2008년 8월 20일
상봉동 연구실에서 김 현 기

CONTENTS
핑거스피치

머리말 v
핑거 스피치 100% 활용하기 xi

Part 1 핑거 스피치 나침반 (탄생 배경)

01 핑거 스피치의 나침반 (탄생 배경) **3**
02 왜 굳이 핑거 스피치인가? **7**
03 철자로 풀어 본 핑거 스피치의 성공 전략 **10**
04 '성공해 사장님'의 핑거 스피치 활용기 **13**
05 핑거 스피치를 읽기 전에 **19**

Part 2 핑거 스피치 핵심 노하우

01 갈등 해결 화법 스피치 **23**
02 거절 스피치 **26**
   핑거 토크 핑거 스피치의 다섯 손가락 마인드 **29**
03 건배 제의 스피치 **31**
04 기도 스피치 **38**
05 길 묻기 스피치 **42**
   핑거 토크 스피치는 자발적으로 **44**
06 답변 스피치 **45**
07 당선 스피치 **48**

쉬어 가요 분위기 반전 유머 51
08 DJ 스피치 52
09 마무리 스피치 55
10 명함 받을 때의 스피치 59
11 명함 줄 때의 스피치 61
쉬어 가요 위트 유머 63
12 병 문안 스피치 64
13 부탁 스피치 68
14 사과 스피치 72
15 사회 보기 스피치 75
   1. 강연회에서 75
   2. 결혼식에서 83
   3. 경연대회에서 85
   4. 노래방에서 93
   5. 팔순연 등 잔치에서 95
16 선물 받기 스피치 100
17 선물 주기 스피치 103
18 성 교육 스피치 107
19 세배 스피치 110
쉬어 가요 부하를 감동시킨 다나카의 1분 연설 112
20 소개 스피치 113
21 송년회 스피치 115
22 수업 스피치 120
23 시를 활용한 스피치 125
   1. 결혼식장에서 127
   2. 회갑, 칠순, 팔순 등의 자리에서 129
   3. 동창 모임에서 132
   4. 부부 동반 모임에서 135
   5. 졸업이나 입학을 축하하는 자리에서 137
24 신년회 스피치 141

25 야유회 스피치 **145**
26 유머 스피치 **148**
27 이별 스피치 **156**
  〈쉬어 가요〉 위트 유머 **159**
28 인사말 스피치 **160**
29 자기소개 스피치 **164**
  〈핑거 토크〉 핑계를 대지 맙시다! **170**
30 자기주장 스피치 **172**
31 자연스러운 대화 스피치 **175**
32 전화 스피치 **178**
33 주례 스피치 **181**
34 주제 설명 스피치 **186**
35 지적 스피치 **190**
36 처음 만나는 사람과의 스피치 **193**
  〈핑거 토크〉 그림 연상법을 활용한 키워드 떠올리기 **202**
37 청춘 남녀를 위한 작업(?) 스피치 **204**
38 취임 스피치 **210**
  〈핑거 토크〉 스피치를 잘하고자 할 때 꼭 가져야 하는 생각 **213**
39 칭찬 스피치 **215**
40 타인 소개 스피치 **219**
41 토론 스피치 **222**
42 트라이어드 기법 스피치 **225**
  〈핑거 토크〉 핑거 암기법 **231**
43 판매 화법 스피치 **237**
44 팔순 잔치 가족 대표 스피치 **241**
45 프러포즈 스피치 **245**
  〈핑거 토크〉 핑거로 풀어본 스피치 성격과 태도 유형 **248**
46 학생회장 선거 연설 스피치 **251**
47 행사 연설 스피치 **254**
48 화난 고객 상대 스피치 **258**

ix

49 환송회 스피치 **261**
  쉬어가요 함축의 미학 **264**
50 재치 만점 '단발 스피치' **266**
  50.1 각종 축하 스피치 **266**
  50.2 그 외 여러 가지 상황 스피치 **269**
  핑거 토크 스피치에서 '카이로스 효과'란? **276**

Part 3 핑거 스피치 업그레이드

01 내용 표현 기법 **279**
  1. 서론 **279**
  2. 본론 **280**
  3. 결론 **282**
02 음성 표현 기법 **290**
03 신체 표현 기법 **297**
  1. 표정 **297**
  2. 제스처 **298**
  3. 자세 **300**

에필로그 **307**
참고문헌 **308**

부록1 사회(평생)교육원 강의 주별 강의 내용과 개강 인사말 **311**
부록2 저자 김현기에 대하여 **317**

핑거 스피치 100% 활용하기

Part 1 핑거 스피치 나침반

핑거 스피치의 탄생 배경과 철학, 활용 방법 등을 살펴봅니다.

Part 2 핑거 스피치 핵심 노하우

갈등 해결, 거절, 건배 제의, 부탁, 사과, 사회 보기, 소개하기 등 49가지의 다양한 상황에 따른 분류를 독자들의 편의를 위해 가나다순으로 배열하고 있습니다. 그리고 재치 만점 '단발 스피치'라는 제목으로 상황에 따라 적절하게 스피치를 풀어낼 수 있는 상황별 실전 노하우를 담고 있습니다. 또한 '핑거 토크', '쉬어 가요'라는 제목으로 핑거 스피치의 핵심 노하우 사이사이에 내용을 삽입하여 보다 충실하게, 그리고 재미있게 구성하였습니다.

'단발 스피치' – 다양한 상황에 바로 쓸 수 있는 재치 만점 멘트

Part 3 핑거 스피치 업그레이드

독자 여러분이 일취월장의 큰 발전을 이루시도록 실전에서 바로 활용할 수 있는 내용 표현 기법, 음성 표현 기법, 신체 표현 기법 내용을 두루 담고 있습니다.

• 붙임 •

붙임은 두 가지로 나누었는데, 붙임 1에서는 필자가 강의하는 경기대학교 사회교육원 리더스 스피치 과정의 강의 내용과 개강 인사말 등을 소개하고 있습니다. 붙임 2에서는 '필자의 강의와 삶'을 핑거 스피치에 대입해서 풀고 있습니다. 또한 강의에 임하는 각오와 강의분야를 소개하고 있습니다.

두드리세요! 그럼 열릴 것입니다.

Part 01
핑거 스피치 나침반
(탄생 배경)

01 핑거 스피치의 나침반 (탄생 배경)

『핑거 스피치(Finger Speech)』는 다섯 손가락을 활용해서 스피치를 편리하게 구사해 나가는 방식입니다. 왜 하필 다섯 손가락을 선택하였는가 하면 손가락은 우리가 지닌 신체 부위이며, 언제나 쉽게 볼 수 있다는 점이 가장 큰 이유입니다. 그리고 필자는 우리 선조의 오행(五行)의 원리로부터 힌트를 얻은 바가 있기 때문입니다. 우리 선조는 옛날부터 음양오행을 이야기해 왔습니다. 그중에 오행이란 우주 만물을 이루는 다섯 가지 원소인 화(火)・수(水)・목(木)・금(金)・토(土)를 말합니다. 이는 우리 인간의 한쪽 손의 손가락 수에서 연유된 것이라는 설이 있습니다.

손가락과 대칭되는 오행을 대입해보면 엄지는 목(木), 검지는 화(火), 중지는 토(土), 약지는 금(金), 소지는 수(水)에 해당한답니다. 이렇게 대입한 이유는 우리가 무엇을 헤아릴 때 엄지・검지・중지・약지・소지의 차례로 꼽기 때문에 오행도 목(木)→화(火)→토(土)→금(金)→수(水)의 순서로 대입된다는 견해에서 비롯되는 것이라고 합니다.

오행과 관련해 다섯 가지로 분류된 것들을 우리 삶 속에서도 많이 찾아볼 수 있습니다. 오장이라고 하여, 간(肝) 심(心) 비(脾) 폐(肺) 신(腎)을 말했고, 오색이라 하여 청(靑) 적(赤) 황(黃) 백(白) 흑(黑)을 일컬었습니다. 음악에서도 오음이라고 하여 궁(宮) 상(商) 각(角) 치(徵) 우(羽)를 활용해 왔습니다.

오행은 예로부터 한의학은 물론 풍수지리, 사주, 음식 등 삶의 곳곳에 적용되었으며, 근래에는 요가, 무술, 색채, 패션, 건축 등 점차 다양한 분야로 확산되고 있습니다. 이에 필자는 스피치에도 오행을 적용해 보면 어떨까 생각해 왔습니다.

이번에 필자가 집필하게 된 핑거 스피치도 어찌 보면 오행의 원리와 그리 멀리 떨어져 있는 것은 아니라고 생각합니다. 오행에서 말하는 철학적인 원리를 그대로 접목하기보다 필자의 창의력을 발휘해서 '핑거 스피치와 오행의 원리'를 다음과 같이 풀어 보았습니다.

❶ 엄지(木)

엄지는 오행에서 나무를 상징합니다. 푸른 나무는 우리의 마음을 편안하게 만들어 줍니다. 말을 시작할 때는 상대방이나 청중이 편안한 마음으로 들을 수 있도록 공감대를 형성하도록 해야겠습니다. 시작에서부터 급한 마음으로 본론에 바로 들어가면 성공적인 스피치를 하기 어렵습니다. 따뜻하고도 자연스러운 인사말로 내적 외적 분위기를 조성하는 것이 중요합니다.

❷ 검지(火)

검지는 오행에서 불을 상징합니다. 불은 뜨거운 열정을 나타냅니다. 말하는 이가 열정을 가지고 성의 있는 마음으로 말을 할 때 상대방이나 청중은 감동할 것입니다. 미지근한 태도와 열의 없는 마음가짐으로 스피치를 전개해 나간다면 상대방이나 청중은 졸거나 고개를 돌리고 말 것입니다. 따라서 스피치를 할 때는 스피치의 제목 등을 적극적으로 알려주며 열의를 가지고 스피치를 전개해 나가는 것이 중요합니다.

❸ 중지(土)

중지는 오행에서 땅을 상징합니다. 땅은 언제나 우리를 떠받치는 든든한 존재입니다. 땅이 없다면 우리는 존재하기도 어렵고 설 수도 없을 것입니다. 스피치에도 핵심 내용이 부실하다면 연사는 자신감을 잃을 수밖에 없을 것입니다. 다시 말하자면 본론이 잘 준비되어 있을 때 연사는 자신 있게 말을 해 나갈 수 있을 것입니다.

토(土)의 획수가 3획인데 예로부터 우리 민족이 좋아하는 숫자가 바로 3입니다. 말할 핵심 내용 역시 세 가지로 전개해 나간다면 더욱 친근감이 있고 효과적인 스피치가 될 수 있을 것입니다.

❹ 약지(金)

약지는 오행에서 금을 상징합니다. 금은 귀중합니다. 상대방을 귀중하게 대해야 자신도 귀중한 대접을 받을 수 있습니다. 내가 대접받고 싶은 대로 상대를 대접해 줘야 합니다. 스피치를 할 때는 상대방을 소중하게 생각하는 마음을 말에 담아서 잘 표현해 주어야 합니다. 상대방의 이해를 돕고자 하는 마음이 말에 담겨 있어야 하고 그것이 그대로 상대방에게 전달될 수 있어야 합니다. 그리고 자신의 의견을 주장할 때는 그것을 뒷받침하는 근거나 설명이 뒤따라 주어야 합니다. 그렇게 했을 때 훨씬 좋은 스피치가 됩니다.

❺ 소지(水)

　소지는 오행에서 물을 상징합니다. 물은 생명수입니다. 물은 마르지 않고 언제나 흘러야 합니다. 스피치를 끝낼 때에는 발전적인 마무리, 미래지향적인 결언이 좋습니다. 그리고 물은 언제나 얕은 곳으로 흐릅니다. 그러므로 스피치도 항상 자기를 낮추는 마음, 겸허한 마음, 감사한 마음으로 마무리하는 것이 좋습니다.

　다양한 상황에 따른 스피치의 기법을 이 다섯 가지 틀에 끼워 맞춘다는 것은 어렵기도 하고 무리가 있을 수도 있을 것입니다. 그러나 이 원리를 활용해서 상황에 맞게 적절히 융통성을 발휘한다면 좀 더 자신 있고 조리 있는 스피치를 펼쳐 나갈 수 있을 것으로 믿습니다.

> **Finger tip**
>
> 　영어에서 'finger'라고 하면 주로 엄지(thumb)를 제외한 나머지 네 손가락을 지칭하지만, 'Thumb & finger speech'라고 긴 이름을 붙이는 것보다, 편리하게 부를 수 있도록 'Finger Speech'로 이름을 붙였습니다. 'with a wet finger'하면 '손쉽게, 수월하게'란 뜻이죠. 다양한 스피치 상황에서 손쉽고, 수월하게 이 책을 이용하시길 바랍니다.

02 왜 굳이 핑거 스피치인가?

우리가 수시로 만나는 스피치 상황은 정말 다양합니다. 이런 다양한 스피치 상황을 맞이하면서 누구나 공통으로 갖게 되는 고민은 대개 두 가지가 있습니다. 하나는 이런 상황에서 **어떤 말**을 하는 것이 좋을까 하는 것이고, 또 하나는 **어떤 순서**로 말을 풀어나가야 할까 하는 것입니다.

저는 여러분의 이런 고민을 조금이나마 덜어 드리는 것이 스피치 교육자로서의 책무라는 생각을 가져 왔습니다. 강의를 통해서도 스피치와 관련한 효과적인 갖가지 기법을 적극적으로 알려 드리기는 하지만 시간과 공간의 제약으로 말미암아 모든 것을 전해 드리기에는 벅찬 것이 현실입니다. 그래서 다양한 스피치 상황에서 적절한 말을 조리 있게 풀어나가는 지침서를 『핑거 스피치』란 이름을 붙여 발간하게 된 것입니다.

예를 하나 들어 보겠습니다. 독자 여러분 중 대부분이 학창 시절 미술 시간에 찰흙으로 뭔가를 만들어 본 적이 있으실 겁니다. 기린도 만들고, 코끼리도 만들고, 사람도 만들어 보셨을 것입니다.

그러면 우리가 가장 먼저 해야 할 것은 무엇입니까? 첫째는 무엇을 만들지 결정하는 것이고 둘째는 뼈대를 세우는 것입니다. 이런 순서 없이 무작정 만들어 보겠다고 찰흙을 이리저리 주무르기만 하면 제대로 된 작품은 나오지 않을 것입니다. 그리고 무엇을 만들지 결정했다 하더라도 뼈대를 세우지 않고 만들면 어떻게 될까요? 곧 무너져 버리고 말 것입니다.

다시 스피치로 돌아와 말씀을 드리자면 무엇을 만들까 하는 것은 무엇을 말할까 하는 것이며, 뼈대를 만든다는 것은 말의 체계, 즉 말을 풀어나가는 순서와 배열입니다.

혹 어떤 분은 '상황에 따른 말을 왜 굳이 핑거로 정리를 했을까?' '오히려 더 헷갈리게 하는 것은 아닐까?' 하는 생각을 하실 수도 있을 것입니다. 필자로서도 더 많은 시간과 노력을 쏟아야 하는 작업인데도 불구하고 굳이 그렇게 한 이유는 이 책의 여러 부분에서도 밝힌 바 있지만, 무엇보다도 가장 큰 이유는 먼저 뼈대를 잘 세우자는 의도가 담겨 있습니다. 뼈대가 굳건해야 조형물 전체가 안정적일 수 있듯이, 스피치도 뼈대를 먼저 세워야 안정적인 스피치를 할 수 있는 것입니다. 횡설수설하는 스피치는 대체로 뼈대를 제대로 세우지 않고서 말을 시작하는 경우입니다.

그럼, 뼈대는 어떻게 세우는 것이 좋을까요? 무수히 많은 개별적인 상황에 맞도록 하나씩 뼈대를 만들 수도 없는 노릇이고, 그렇다고 천편일률적으로 하나의 뼈대 속에 모든 것을 다 담을 수도 없을 것입니다. 또한 아무런 시도도 하지 않는 것은 더욱더 문제일 것입니다. 이러한 갈등 속에서 스피치는 단순함이 중요함을 다시 상기하며, 어떤 상황이라도 다섯 단계를 벗어나지 않는 범주 안에서 뼈대를 세우는 것이 효과적일 것이라는 견해와 재미를 더하자는 뜻에서 핑거 스피치로 정리한 것입니다.

영어권에서는 손으로 집어서 먹는 음식을 '핑거 푸드'라 하고, 포크를 사용해서 먹는 음식을 '포크 푸드'라고 합니다. 『핑거 스피치』, 이 책이 필요할 때는 언제나 손으로 쉽게 집어서 바로 펼쳐 볼 수 있도록 가까이 두고 적극적으로 활용하여 많은 도움이 되시기를 바랍니다.

여담으로 한 말씀 더 드려본다면 스피치 상황은 비슷할 수는 있어도, 똑같은 상황이란 없습니다. 계절이 다르고, 장소가 다르고, 시간이 다르고, 청중도 다를 수 있으니까요. 이 책을 참고로 하여 실제 상황에서는 독자 여러분께서 더욱 창의적으로 활용하시기 바랍니다.

03 FINGER 로 풀어 본 핑거 스피치의 성공 전략

❶ **F**it 적합한

'말'이라고 해서 다 '말'이 아닙니다. 말은 적합해야 합니다. 상대방에게 맞는 말이 되어야 하고, 상황에 맞아야 하며, 목적에 맞는 말이 되도록 해야 합니다.

❷ **I**nteractive 상호 작용하는

상대를 고려하지 않는 화자 위주의 말은 공허한 소리에 불과합니다. 말은 항상 상대방이 있기에 가치가 있는 것입니다. 따라서 말을 할 때에는 일방적으로 전달한다는 생각을 버리고 언제나 상대방이나 청중과 상호 교감을 이루도록 해야 합니다.

❸ **N**ew 새로운

구태의연하고 낡은 말은 청자의 가슴에 와 닿을 수 없습니다. 참신한 내용으로 말해야 상대방이나 청중은 귀를 기울이고 싶은 마음이 들 것입니다. 따라서 스피치를 할 때는 새롭고 참신한 표현이 될 수 있도록 평소에 늘 관심을 두고 정성을 쏟아야 합니다.

❹ **G**enuine 진심의, 참된

　스피치는 진실에 바탕을 두어야 합니다. 거짓은 결국 드러나게 마련입니다. 당장 위기를 모면하려고 거짓 스피치를 하면 오히려 자신을 더욱 어려움에 빠뜨리게 됩니다. 거짓말도 문제지만 진심이 아닌 입에 발린 소리도 문제입니다. 자신의 참 마음이 담긴 참된 스피치가 되어야 합니다.

❺ **E**asy 쉬운

　자신의 학식이나 지식을 뽐내려고 일부러 어렵게 말하는 사람들이 간혹 있습니다. 이런 경우는 오히려 나쁜 이미지를 주게 될 것입니다. 훌륭한 스피치란 청중이 알아듣기 쉬운 것이어야 합니다. 스피치를 할 때에는 상대방이나 청중이 더 쉽게 스피치의 내용을 이해할 수 있도록 가능한 한 내용을 쉽게 풀어내야 합니다.

❻ **R**eal 실감 나는

　말은 글과 달리 느낌을 더욱더 잘 살려 표현할 수가 있습니다. 마치 책을 읽어 내려가듯이 형식적인 느낌이 나서는 안 됩니다. 그것은 죽은 표현입니다. 말은 생생하게 살아있는 느낌이 들어야 합니다. 스피치를 할 때는 감정을 잘 살려 실감 나게 표현해야 청중의 가슴에 전해질 수 있습니다.

　스피치가 어려우시다고요? 해답은 바로 여러분의 다섯 손가락 안에 있습니다. 핑거 스피치는 예전부터 형성되어 온 우리들의 자연스러운 습관에서 나온 것이기도 합니다. 우리는 어릴 적부터 의식적이든 무의식적이든 손가락을 많이 활용해 왔습니다. 우리는 기쁜 날을 기다릴 때 그냥 기다리지 않습니다. 손꼽아 기다린다고 합니다. 셈이나 계산을 할 때도 손가락을 꼽아 봅니다.

　이젠 스피치를 할 때도 손바닥을 활짝 펼치고 손가락을 꼽아보세요. 스피치 비법, 핑거 스피치의 효과를 느껴보세요.

핑거와 관련된 유머

니들이 핑거를 알아? (유머)

어느 유치원 영어 시간이었습니다.
선생님은 손가락을 쫙 펴고 아이들에게 물었습니다.

선생님 여러분~ 이걸 영어로 뭐라고 하죠?
아이들 핑거요~.

선생님은 움찔할 수밖에 없었습니다.

'헉! 조기 교육이 무섭긴 무섭군!'

이번엔 회심의 미소를 지으며 주먹을 꽉 쥐고 물었습니다.

선생님 자~ 이번엔 이걸 뭐라고 할까요?
아이들 안 핀 거요~(오므린 거요~).

04 '성공해 사장님'의 핑거 스피치 활용기

저의 이름은 성공해(가명)입니다. 조그만 회사를 운영하고 있습니다. 지금까지 어려움도 많았지만 잘 극복해내며 열심히 살아왔고 그런대로 사업체도 잘 운영하고 있는 편입니다.

다른 분들은 저더러 남부러울 것 없겠다고 치켜세워 주지만 저는 저만의 남모를 큰 고민이 있습니다. 그것은 바로 말주변이 너무나 없다는 것입니다.
인간관계에서도 중요한 분과 마주하게 되면 무슨 말을 해야 할지 막막한 경우가 많고, 횡설수설하게 됩니다. 다구나 많은 사람 앞에서 마이크를 잡게 되면 말을 어떻게 풀어나가야 할지 아무 생각이 나지 않습니다. 많은 사람 앞에서 스피치를 하는 것이 저에게는 전쟁터보다도 두렵습니다. 특히 돌아가면서 한마디씩 하는 상황이 되면 숨이 탁 막히게 되고 이러면 저는 무슨 핑계를 대서라도 피하기 일쑤입니다.

어느 날 저는 이렇게 고민만 하다가 세월을 보낼 것인가 반성하며 뭔가 변화를 모색해 보기로 했습니다. 얼마 후 저는 김현기 교수님께서 주임 교수로 강의하고 계시는 경기대학교 사회교육원의 리더스 스피치 과정에 등록했습니다. 그러나 사업상 너무 바쁜 관계로 수강을 제대로 하기 어려워 과정을 제대로 마치지 못했습니다. 그러던 중 저의 고민을 잘 알고 계시던 김현기 교수님께서 정말 감사하게도 곧 출판할 책이라며 『핑거 스피치』 가제본을 선물로 주셨습니다. 고마운 마음을 가득 안고 집에 와서 한 장 한 장 읽어 내려가는데 『핑거 스피치』는 저에게 어둠 속의 한 줄기 빛처럼 다가왔습니다. 마치 사막에서 오아시스를 발견한 기쁨이라고 할까요? 핑거 스피치를 읽고 또 읽으며, 저는 이제부터 어떤 상황에서든 완벽하지는 않더라도 스피치를 어느 정도는 잘할 수 있겠다는 자신감과 용기를 얻었습니다.

그동안 핑거 스피치를 활용해서 저의 이미지를 더욱 멋스럽게 격상시키고 분위기를 더욱 화기애애하게 했던 여러 사례를 일일이 다 소개해 드리고 싶지만, 지면의 제약상 저의 어느 하루 동안 겪었던 핑거 스피치의 성공 사례를 소개해 드리고자 합니다.

아침 일찍 김 사장님으로부터 전화가 걸려왔습니다. 무려 7년 만에 온 전화입니다. 김 사장님은 저에게 많은 도움을 주신 분이고 앞으로도 꼭 필요한 분인데 그간 연락이 잘 닿지 않았습니다. 그런데 오늘 정말 오래간만에 연락이 닿은 것입니다. 예전 같으면 전화를 받고 반가운 마음이 들어도 표현을 잘하지 못했을 것입니다. 하지만, 오늘은 전화를 받자마자 핑거 스피치에서 공부한 내용이 그냥 툭 튀어나오는 것입니다.

"김 사장님, 우리의 그리움이 쌓여서 재회의 다리로 이어졌나 봅니다. 이렇게 다시 연락이 닿게 돼서 정말 반갑습니다."

이 말에 김 사장님이 껄껄껄 웃으시며 정말 좋아하시더군요.

그리고 자신이 서울 강남에 사업체를 창업하셨다는 소식을 전해 주셨습니다. 곧바로 마음을 담은 저의 축하 덕담이 이어졌습니다.

"모든 물이 바다로 흘러들어 가듯이, 세상의 돈들이 사장님께 모두 흘러들어 갈 것이라고 믿습니다. 일단 전화로나마 창업을 축하합니다."

이 표현 또한 핑거 스피치에서 배운 내용이죠.
오랜 세월의 공백이 머쓱함을 주지 않고 따뜻하고 멋진 말 한마디가 관계를 더욱 돈독히 해 줌을 실감 나게 느낄 수 있었습니다.

오전에 다른 볼일을 보러 나갔다가 사업장에 돌아와 보니 어떤 고객 한 분이 화를 내면서 저희 직원과 다투고 계시더군요. 저희 직원도 화가 났는지 얼굴이 시뻘게져서 같이 화를 내고 있었습니다.
저는 불현듯 핑거 스피치의 화난 고객 진정시키기 대목이 떠올랐습니다.

1. 엄지 : 경청
2. 검지 : 사과
3. 중지 : 진정시키기(질문, 고객 반응, 불만 처리)
4. 약지 : 다시 사과
5. 소지 : 마무리(고객 감동)

핑거 스피치에서 제시하는 바대로 저는 먼저 고객의 이야기를 잘 경청했습니다. 고객은 흥분한 투로 불만을 토로했지만 저는 잘못된 부분에 대해 정중히 사과를 했습니다. 그리고 어떻게 하면 좋을지 질문을 드린 후, 고객의 요구 사항을 적극적으로 수용해서 불만을 없애 드렸습니다. 그리고 다시 한 번 사과를 드렸습니다. 그랬더니 고객님께서 아주 만족스러운 표정을 지으셨습니다. 내일은 또 전화를 드려 5단계의 고객 감동으로 이어지게 할 예정입니다.

고객 분이 돌아가시고 난 다음, 저는 화를 내며 고객을 응대했던 직원을 제 방으로 조용히 불렀습니다.

예전 같으면 목청 높여 꾸짖기만 했겠지만 『핑거 스피치』의 지적 스피치 부분(190쪽 참고)을 활용해 보기로 했습니다. 조건 없는 꾸중이 아니라 열심히 일하는 부분은 칭찬해 주고 잘못한 점도 마음의 상처가 되지 않도록 최대한 부드럽게 전하여 잘못을 일깨워 주었습니다.

직원은 미안한지 눈물을 글썽이며 고개를 숙이고 있었습니다.
저는 4단계인 다시 마음을 어루만져 주는 말로 분발하게 하였으며, 5단계인 희망적인 말로 마무리를 했습니다. 직원은 앞으로 더욱 잘하겠노라고 제 앞에서 다짐의 말을 했습니다. 저도 기분이 좋았습니다. 무작정 화만 냈더라면 직원의 잘못을 고쳐주기는커녕 직원이나 저나 둘의 기분만 나빴을지 모를 일입니다.

오후에는 협회 모임에 참석을 했습니다. 오늘따라 신입 회원님들이 많이 오셔서 돌아가면서 자기소개를 하는 자리가 펼쳐졌습니다. 예전 같으면 슬그머니 도망을 가버리고 말았겠지만, 그런대로 당당히 잘해 내었습니다.

"안녕하십니까? 행운을 기다리기보다는 행운을 개척해 나가는 사람 성공해입니다(1. 엄지 : 자신의 이름)."라고 첫 인사를 하자마자 청중으로부터 환호의 박수가 쏟아져 나왔습니다.

그리고 이어서 2. 검지 : 자신이 사는 집 / 3. 중지 : 자신의 직업 / 4. 약지 : 이곳에 오게 된 동기 / 5. 소지 : 앞으로의 다짐이나 바람까지 잘 풀어낼 수 있었습니다.

끝 인사를 마치고 박수를 받으며 자리에 앉는데 뿌듯한 마음이 가득했습니다.

정식 모임이 끝나고 뒤풀이로 저녁 겸 회식 자리가 이어졌습니다.
술이 몇 순배 돌아가는 즈음에 회장님께서 저 보고 갑자기 건배 제의를 하라는 것입니다. 준비된 자는 언제나 당당할 수 있다는 말처럼 건배 제의 멘트도 펑거 스피치를 통해 익혀둔 터라 즐거운 마음으로 멘트를 시작했습니다.

"시인 안도현 님의 '너에게 묻는다'란 짧은 시가 있습니다. "연탄재 함부로 발로 차지 마라. 너는 누구에게 한 번이라도 뜨거운 사람이었느냐?" 여러분은 어떻습니까? 한 번이라도 뜨겁게 놀아 보신 적이 있습니까? 오늘만큼은 정말 뜨겁고, 정말 화끈한 밤을 보내봅시다. 자, 뜨겁고 화끈한 밤을 위하여!!!"

저의 건배 제의 멘트가 끝나자 분위기가 훨씬 좋아진 것은 물론 많은 분이 저에게 정말 스피치를 잘한다며 칭찬을 아끼지 않았습니다.

회식이 끝나갈 무렵 스피치는 자발적으로 하라는 대목이 떠올라 제가 자진해서 오늘의 모임을 위해 시 낭송을 하겠노라고 일어섰습니다. 그리고 펑거 스피치에 수록된 '함께 있으면 좋은 사람'이란 시를 암송했습니다. 그날 저의 이미지와 위상이 어떠했을지, 분위기가 어떠했을지 모두 상상이 되실 겁니다. 저는 정말 기쁘고 뿌듯했습니다.

　우리는 하루라도 말을 하지 않고 살아갈 수는 없습니다. 말은 온갖 분쟁의 불씨가 되기도 하고, 타인에게 힘이 되어 주기도 하며 분위기를 바꾸기도 하고, 천 냥 빚을 갚는 가치를 지니기도 합니다. 이 말이란 게 얼마나 중요한지 저는 가장 실감하는 사람 중의 한 사람입니다. 그런데 말이란 게 잘해 보려고 하면 그렇게 쉽지만은 않죠. 하지만 이 말도 배우고 연습하고 훈련하면 잘할 수 있다는 것을 여러분께 꼭 말씀드리고 싶습니다.

　자동차 운전이나 스케이트처럼 배우고 익히면 누구나 잘해낼 수 있다는 김현기 교수님의 말씀을 믿습니다. 여러분께서도 『핑거 스피치』를 통해 스피치 능력을 크게 신장시키고 자신감도 충만 시키시기 바랍니다. 파이팅!!!

05 핑거 스피치를 읽기 전에

❶ 엄지 : 시작 단계

엄지는 첫 번째 손가락으로서 첫 번째 전달해야 할 정보를 표현하는 단계입니다. 다시 말해서 첫 인사와 함께 자기소개를 한다든가 다른 사람의 이름을 부를 때 또는 가장 중요한 정보를 말하는 단계입니다.

❷ 검지 : 주제 선언 단계

검지는 두 번째 손가락으로서 두 번째 전달해야 할 정보를 표현하는 단계입니다. 또는 우리가 무엇을 가리킬 때 검지를 사용하듯이 스피치의 방향을 정해주는 단계입니다. 즉 두 번째 전달해야 할 사항을 말하거나 개요를 설명해주는 등, 스피치의 주제를 선언하는 서론 단계입니다.

❸ 중지 : 주제 전개 단계

중지는 세 번째 손가락으로서 세 번째 전달해야 할 정보를 표현하는 단계입니다. 중지는 손가락 가운데 제일 긴 손가락으로서 스피치의 두드러진 핵심, 전하고자 하는 요점을 언급하는 단계입니다. 그리고 시간적 구성법, 공간적 구성법 등 적절한 구성법들을 활용하여 주제를 전개해 나가는 본론 단계입니다.

❹ 약지 : 주제 반복 단계

약지는 네 번째 손가락으로서 네 번째 전달해야 할 정보를 표현해야 하는 단계입니다. 또는 세 번째 손가락 부분(본론)에서 혹시 빠뜨렸던 내용이 있다면 그 부분의 보충이 필요한 단계이기도 합니다. 그리고 앞 단계에서 언급했던 스피치의 근거나 이유를 찾아 설명하기도 합니다. 또한 필요한 경우는 보충이나 보완을 위해 질문을 하거나 부탁하고 싶은 내용을 전달합니다. 그리고 앞에서 언급한 내용을 간략하게 요약·정리하여 결론으로 제시하는 주제 반복 단계입니다.

❺ 소지 : 마무리 단계

소지는 다섯 번째 끝 손가락으로서 다섯 번째 전달해야 할 정보를 표현하는 단계입니다. 소지는 약속할 때 사용하는 끝 손가락으로서 약속이나 다짐, 바람 등을 얘기하며 긍정적으로 끝냅니다. 보통 스피치의 끝 인사에 해당하지만 새로운 시작이 되는 단계이기도 합니다.

Part 02
핑거 스피치 핵심 노하우

01 갈등 해결 화법 스피치

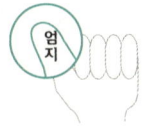

❶ 시작 단계

첫 번째 순서는 갈등의 원인이 어디에서 빚어졌는가를 알고자 상대의 말을 경청하는 단계입니다.

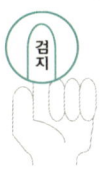

❷ 요약 확인 단계

두 번째 순서는 내가 풀어 가야 할 문제 해결 방향이 어디인가를 파악하고자 상대가 한 말을 다시 되풀이 요약함으로써 확인하고 들어가는 단계입니다.

❸ 인정 단계

세 번째 순서는 내가 인정할 부분은 인정하고 들어가는 단계입니다.

❹ 질문 단계

네 번째 순서는 문제 해결을 위해 인정 못하는 부분에는 질문으로 상대에게 그렇지 않다는 것을 알리는 단계입니다.

❺ 마무리 단계

다섯 번째 순서는 갈등에 대한 해결책을 모색하는 단계입니다.

▶▶▶ 실습 예문　갈등 해결 화법 스피치의 활용

(상황) 세입자인 을돌 씨가 집주인인 갑돌 씨에게 주차 문제로 다음과 같이 말합니다.

"갑돌 씨, 왜 저기 주차장에 항상 당신만 차를 댑니까? 아무리 힘없고 돈 없는 세입자지만 차도 못 댄다는 겁니까?"

엄지 ▷ 시작 단계(반영적 경청)

갑돌 "을돌 씨는 제가 항상 여기에 차를 댄다는 그 말씀이시군요."

검지 ▷ 요약 확인 단계(내가 제대로 이해했는지 상대에게 확인)

갑돌 "을돌 씨 말씀이 제가 을돌 씨 차를 못 대게 하고, 제 차만 계속 댔다는 이야기가 맞습니까?"

중지 ▷ 인정 단계(인정할 부분을 찾고 인정할 것은 인정)

갑돌 "그래요, 근래에 차를 샀고, 그리고 퇴근이 을돌 씨보다 빨라서 저 주차장에는 늘 제가 차를 대곤 했습니다."

약지 ▷ 질문 단계(인정을 못 하는 부분에는 질문)

갑돌 "그런데 을돌 씨에게 세입자니까 차를 대지 말라거나 무시하는 투로 말씀드린 적은 없는 것 같은데요. 그렇지 않나요? 을돌 씨?"

소지 ▷ 마무리 단계(해결책 모색)

갑돌 "제가 최근에 차를 뽑았고, 또 일찍 퇴근하면서 여기 주차장에 저만 계속 차를 세우다 보니까 을돌 씨가 불편하고 서운했나 봅니다. 그렇죠? 그런데 이야기로 차분히 풀어가면서 방법을 찾으면 될 텐데 갑자기 흥분하셔서 말씀하시니까 너무 당황이 되고 속상합니다. 좋아요. 모처럼 이렇게 만났으니 이런저런 얘기 나누면서 좋은 방법을 한 번 찾아봅시다."

(와우 스피치 온라인 종합 강좌 : www.wowspeech.com)

02 거절 스피치

❶ 시작 단계
첫 번째 순서는 상대의 이름이나 호칭을 부드럽고 정중하게 불러서 상대방을 인정해주는 단계입니다.

❷ 긍정적 수용 단계
두 번째 순서는 상대의 말을 최대한 긍정적으로 받아 주는 단계입니다.

예시1   한 잔 하러 가자고 끈질기게 권유할 때 :
고맙습니다.
(그러나 오늘은 사정이 좋지 않습니다.)

예시2   연고 판매를 요구할 때 :
선생님 말씀은 고맙게 잘 들었습니다.
(그런데 저는 그걸 살 만한 형편이 안 됩니다.)

❸ 거절 단계

세 번째 순서는 자신의 의사인 거절 표현을 명확히 하는 단계입니다.

Finger tip **거절할 때 효과적인 기법**

분명하게 거절하는 것입니다. 자신의 처한 상황 설명을 통해 거절한다는 의사 표시를 분명히 밝힙니다. 거절하기가 미안해서 우물쭈물 의사 표현을 미루다가 더 곤란한 상황이 생길 수도 있기 때문입니다. 따라서 거절은 미안한 마음을 담아서 부드러우면서도 분명하게 하는 것이 좋습니다.

❹ 이유 설명 단계

네 번째 순서는 거절해야 하는 구체적인 이유를 부연 설명하는 단계입니다. 거절의 이유를 설명할 때 위로의 마음을 담아 전달하면 상대방은 거절을 당해도 기분 나빠하지 않습니다.

❺ 입장 표현 단계

다섯 번째 순서는 부탁을 못 들어주는 마음 상태를 표현하는 단계입니다. 죄송합니다, 미안합니다. 등

▶▶▶ 실습 예문 — 거절 스피치의 활용

(상황) 고교 동창인 김 과장과 정 과장의 대화입니다. 김 과장이 급한 이유를 대며 내일 갚는다고 하면서 정 과장에게 돈을 꿔 달라고 부탁합니다. 그러나 정 과장은 형편도 좋지 않지만 김 과장과 돈거래를 할 마음이 없습니다.

엄지 ▶ 시작 단계
> **예시** 김 과장! (부드럽고도 정중하게)

검지 ▶ 긍정적 수용 단계
> **예시** 모처럼 만에 자네가 하는 부탁인데 내가 들어주고 싶은 마음은 간절하네!

중지 ▶ 거절 단계
> **예시** 그런데 지금은 내가 빌려줄 형편이 못 된다네. 급한 것 같은데 자네에겐 정말 미안해졌네.

약지 ▶ 이유 설명 단계
> **예시** 김 과장! 나도 사실, 요즘 형편이 좋질 않거든.

소지 ▶ 입장 표현 단계
> **예시** 김 과장! 미안해.

핑거 스피치의 다섯 손가락 마인드

엄지 〉〉 시작(경청, 호응, 박수)

우선 다른 사람의 말을 잘 경청하고, 호응해주며, 환호의 박수를 보내는 태도를 지녀야 합니다. 먼저 나 자신이 타인의 스피치를 존중해주며 호응해 주는 매너를 가질 때, 나 또한 그러한 대접을 받을 자격이 생기는 것입니다.

검지 〉〉 방향(칭찬과 격려)

우리가 손가락으로 누군가를 가리키며 험담과 비난을 할 때 다섯 손가락 중 두 개는 누군가를 향하고 있지만, 나머지 세 손가락은 자신을 향해 가리 키고 있다는 말이 있습니다.

따라서 다른 사람이 스피치를 할 때는 부족한 점을 찾아 헐뜯거나 비난할 것이 아니라 격려와 사랑의 마음을 담아 잘한 점은 칭찬해주고, 부족한 부분 은 격려의 말로 용기를 북돋아 줍니다.

중지 〉〉 핵심(이 말만은 꼭 전해 드려야지!)

다른 사람의 스피치를 통해 장점은 본받고, 단점에 대해서는 타산지석으 로 삼는 것이 자신의 스피치 발전을 위해 바람직합니다. 그리고 자신이 스피 치를 할 때에는 다른 사람에게 뽐내려고 하는 스피치가 아니라 "청중을 위해 이 말만은 꼭 전해 드려야지!" 하는 청중을 사랑하고 위하는 마음으로 스피 치를 전개해 나가야 합니다.

`약지` >> **반지 연상**(청중을 사랑하고 존중하는 마음으로)

우리나라 속담에 "열 손가락 깨물어 안 아픈 손가락 없다."라는 말이 있습니다. 자식들이 모두 각자 다르게 생겼지만, 부모님의 자식에 대한 염려와 사랑은 똑같다는 말이죠. 핑거 스피치의 마음가짐도 이와 같았으면 합니다.

훌륭한 연사는 청중을 차별해서는 안 됩니다. 청중이 나보다 나이가 어리다고 해서 경시하고, 청중이 나보다 학벌이 뒤진다고 무시해서는 안 될 것입니다. 청중이 누구든지 사랑하고 존중하는 마음을 가지고 스피치를 한다면 언제나 훌륭한 스피치가 되지 않을까 싶습니다.

`소지` >> **오행 중 수(水)에 해당**(물은 마르지 않고 계속 흘러야 하듯이 반복 연습)

'독수리 오 형제'란 만화 영화가 있었습니다.
지구를 지키는 독수리 오 형제의 이야기가 퍽 인상적이었지요? 아무튼 다섯이라는 숫자는 무언가 안정적이고 든든한 느낌이 듭니다. 우리의 다섯 손가락도 마찬가지입니다.

생활 속에서 다섯 명 이상 모이게 되면 설왕설래 잡담으로 시간을 허비하기보다는 돌아가면서 스피치를 실습해 보면 어떨까요? 스피치는 자꾸 연습해 봐야 합니다. 다섯 명이 모이면 서로 돌아가면서 스피치를 실습해 봅시다.『핑거 스피치』를 참고로 하면 더욱 좋겠지요. 모두에게 도움되는 유익한 시간이 될 것이라 믿습니다.

03 건배 제의 스피치

연회에 참석을 했는데 갑자기 건배 제의 요청을 받고서 당황했던 적이 누구나 한두 번쯤은 있을 것입니다. 준비된 연사만이 박수받을 자격이 있다는 말처럼 건배 제의도 마찬가지입니다. 미리 준비해 두면 실제 상황에서 당황하지 않고 멋스럽게 분위기를 잘 살리는 건배 제의를 할 수 있습니다.

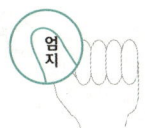

❶ 시작 단계
첫 번째 순서는 인사와 자기소개를 하는 단계입니다. (생략하기도 합니다.)

예시 ○○○입니다.

❷ 감사 단계
두 번째 순서는 건배 제의 기회를 주신 분에게 감사를 하는 단계입니다.

예시 사회자, 모임의 회장 등

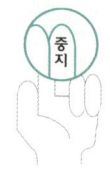

❸ 핵심 내용 표현 단계
세 번째 순서는 그날 모임에서 제일 중요한 사항을 언급하는 단계입니다.

예시 생일 · 졸업 · 입학 · 승진 · 칠순 · 팔순 등

1) 생일 축하를 해 주는 경우 : ○○○님의 생일을 진심으로 축하합니다.
2) 생일 축하를 받는 경우 : 제 생일을 축하해 주고자 참석해 주신 여러분께 깊은 감사의 말씀을 드립니다.

❹ 건배 제의 단계
네 번째 순서는 감사 · 축하를 하며 상황에 맞는 건배 제의 스피치를 하는 단계입니다.

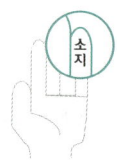

❺ 마무리 단계
다섯 번째 순서는 우리 모두 ~을(를) 위하여 힘찬 손뼉을 치는 단계입니다.

다음 원고를 활용해서 다양하게 건배 제의 스피치를 연습해 볼까요? '자, 건배!', '자, 위하여!' 하는 선창 구호 대목은 더욱 크고 활기찬 목소리로 하셔야 분위기가 한층 고조된다는 것을 유념하시기 바랍니다.

▶▶▶ 실습 예문 1 건배 제의 스피치의 활용

엄지 ▶ 시작 단계

예시 안녕하십니까? 여러분의 대표 심부름꾼 ○○○ 입니다.

검지 ▶ 감사 단계

예시 들었던 잔을 잠시 내려놓으시기 바랍니다. 우선 저에게 건배 제의를 할 수 있도록 좋은 기회를 주신 ○○○교수님께 감사의 말씀을 드립니다.

중지 ▶ 핵심 내용 표현 단계

예시 오늘 우리는 ○○대학교 ○○교육원의 스피치 과정을 수료했습니다. 오늘의 자랑스러운 수료가 있기까지 여러 학우님 모두 노고가 크셨습니다. 먼저 한 학기 동안 우리 모두의 스피치 실력 향상을 위해 많은 가르침을 주신 ○○○ 교수님께 깊은 감사의 말씀을 드립니다. 또한 ○○○ 총무님은 여러분께서 아시는 바와 같이 헌신적으로 봉사해 주셨습니다. 감사합니다.

약지 ▶ 건배 제의 단계

예시 저는 오늘 여기 모인 모든 분들이 승리자가 되시기를 바랍니다. 승리자에게는 두 가지 공통점이 있다고 합니다. 첫째는 약간 미쳐있다는 것이고, 둘째는 뜨겁다는 것입니다. 오늘은 우리가 모두 승리자로서, 뜨겁게 미쳐보는 광란의 밤이 되었으면 합니다. 제가, '광란의 밤을 위하여'라고 선창을 하면 여러분께서는 '위하여', '위하여', '위하여'라고 3단계로 점점 크게 '위하여'를 외쳐 주시기 바랍니다. 자, 이제 앞에 놓인 잔을 드시기 바랍니다. 우리 모두 광란의 밤을 위하여!!!

소지 ▶ 마무리 단계

예시 우리 모두의 무궁한 발전을 위하여 힘찬 손뼉을 칩시다.

▶▶▶ 실습 예문 2 　각종 건배 제의 스피치의 활용

❶ 저녁 모임에서

시인 안도현 님의 '너에게 묻는다'란 짧은 시가 있습니다.
"연탄재 함부로 발로 차지 마라.
너는 누구에게 한 번이라도 뜨거운 사람이었느냐?"
여러분은 어떻습니까?
한번이라도 뜨겁게 놀아 보신 적이 있습니까?
오늘만큼은 정말 뜨겁고, 정말 화끈한 밤을 보내 봅시다.
자, 뜨겁고 화끈한 밤을 위하여 !!!

❷ 신입 사원 환영 모임에서

기업에는 비용으로 평가되는 직원이 있고,
자산으로 평가되는 직원이 있다고 합니다.
여러분 모두 우리 회사의 귀중한 자산이 되는
유능한 인재가 되시기를 바랍니다.
자! 우리 모두를 위하여!

❸ 친목 단체 모임에서

여러분, 우선 앞에 놓인 술잔에 술을 가득 채워 주시기 바랍니다.
우리가 술잔에 따른 것은 술뿐만이 아닙니다.
우리의 따뜻한 정과 마음이 담겨 있습니다.
우리 함께 정을 나누는, 따뜻한 만남을 위하여!!!

❹ 송년 모임에서

들었던 잔을 잠시만 내려놓으시기 바랍니다.
건배의 의미는 두 가지가 있다고 생각합니다.
하나는 잔을 비우기 위해
다른 하나는 잔을 채우기 위해
2008년을 보내고 새로운 2009년을 맞이하면서
버릴 것은 모두 버리고 새로운 희망과 설렘으로
채울 것은 가득 채워야겠습니다.
제가 '다가오는 2009년을 위하여'라고 선창을 하면
여러분께서는 '위하여', '위하여', '위하여'라고
3단계로 점점 크게 '위하여'를 외쳐 주시기 바랍니다.
자, 이제 모두 앞에 놓인 잔을 드시기 바랍니다.
다가오는 2009년을 위하여!!!

❺ 함께 있으면 좋은 사람과의 모임에서

우리는 함께 있으면 있을수록 더욱 좋은 사람들입니다.
우리가 좋습니다. 그런 의미에서 제가
'우리가 좋다!'라고 선창을 하면
여러분께서는 '좋다', '좋~다', '좋~~다'라고
3단계로 점점 크고 길게 '좋다'를 외쳐 주시기 바랍니다.
'우리가 좋다!'

▶▶▶ 실습 예문 3　각종 건배 제의 스피치의 활용

● 돈으로 살 수 있는 것과 돈으로 살 수 없는 것

— WOWSPEECH 참고

❶ 따뜻한 만남을 기원할 때

　　잔에 담긴 술은 돈을 주고 살 수 있지만
　　우리가 함께하는 따뜻한 정과 마음은
　　돈을 주고 살 수 없습니다.
　　우리의 따뜻한 만남을 위하여!

❷ 소중한 만남을 강조할 때

　　우리가 함께하는 이 자리는
　　돈을 주고 빌릴 수 있지만
　　우리가 나누는 따뜻한 정과 마음은
　　돈을 주고 얻을 수 없습니다.
　　우리의 소중한 만남을 위하여!

❸ 시간의 중요성을 강조할 때

　　시계는 돈을 주고 살 수 있지만
　　소중한 시간은 돈을 주고 살 수 없습니다.
　　우리의 소중한 시간을 위하여!

❹ 건강의 중요성을 강조할 때

　　보약은 돈을 주고 살 수 있지만
　　우리의 건강은 돈을 주고 살 수 없습니다.
　　우리 모두의 건강을 위하여!

❺ 가정의 화목을 강조할 때

우리가 함께하는 이 집은
돈을 주고 살 수 있지만
화목한 가정은 돈을 주고 살 수 없습니다.
우리의 화목한 가정을 위하여!

❻ 식욕을 돋울 때

우리 앞에 놓인 음식은
돈을 주고 살 수 있지만
우리의 식욕은 돈을 주고 살 수 없습니다.
우리의 왕성한 식욕을 위하여!

❼ 쾌적한 수면을 기원할 때

침대는 돈을 주고 살 수 있지만
쾌적한 수면은 돈을 주고 살 수 없습니다.
우리의 쾌적한 숙면을 위하여!

❽ 밝은 표정을 강조할 때

잘 생기고 예쁜 얼굴은
돈을 주고 만들 수 있지만
좋은 인상은 돈을 주고 만들 수 없습니다.
우리의 밝은 표정을 위하여!

04 기도 스피치

※ 본문에서는 기독교의 기도를 예문으로 하였으나, 독자 여러분께서 각자 믿고 계신 종교의 의식을 대입해서 활용하시기 바랍니다.

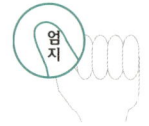

❶ 시작 단계
첫 번째 순서는 주님을 찾는 단계입니다.

예시 거룩하신 하나님! (주님!)

❷ 감사 표현 단계
두 번째 순서는 하나님께 감사와 영광을 표현하는 단계입니다.

예시 1 예배를 위해 성도들을 불러 모아 주심에 감사
예시 2 주님의 높고 위대하심을 찬양
예시 3 하나님 은혜(축복·구원·기도 응답)에 감사

❸ 핵심 내용 간구 단계

세 번째 순서는 회개하며 남을 위해 기도하는 단계입니다.

❹ 보충 단계

네 번째 순서는 자기, 자기 가정 또는 자기의 소속 기관(직장, 학교 등)을 위해 기도하는 단계입니다.

❺ 마무리

다섯 번째 순서는 응답해 주실 것을 다시 한 번 간절히 구하면서 주 예수 그리스도의 이름으로 기도드리는 단계입니다.

▶▶▶ 실습 예문 : 기도 스피치의 활용

(상황) 송년 주일 기도

— 용혜원, 1998

엄지 ▶ 시작 단계
예시 세 초부터 세밑까지 은혜로 인도하시는 주님!

검지 ▶ 감사 표현 단계
예시 한 해를 보내는 마지막 주일인 오늘 주님께 감사드릴 수밖에 없음을 고백합니다. 에벤에셀의 하나님께서 함께하셨사오니 이후에도 더욱 함께 하여 주시옵소서!

중지 ▶ 핵심 내용 간구 단계
예시 한 해를 시작하며 주님께 고백하고 간절히 구한 모든 것을 이루지 못함을 회개하오니 사하여 주시옵고, 우리의 삶에 더욱 힘과 용기를 허락하셔서 강하고 담대하게 주님의 길을 걷게 하여 주시옵소서!

우리의 기도를 더욱더 충만케 하시고, 우리의 사랑이 더욱더 뜨거워지게 하시며, 우리의 구제와 선교와 봉사가 더욱더 기쁨으로 흘러넘치게 하여 주시옵소서!

우리의 게으름으로 말미암은 불충을 고백하오니 용서하시고 새해에는 주님의 능력과 권세로 충만케 하셔서 하늘의 뜻을 이 땅에 이루게 하시옵소서!

약지 ▶▶ **보충 단계**

(예시) 이제 올 한 해 동안의 결실을 잘 마무리하게 하시고, 우리의 모든 허물을 사하시며, 더욱더 예수님으로 충만한 삶을 살게 하여 주시옵소서! 지난 한 해 동안 내내 함께 하신 주님께서 희망찬 새해에도 내내 함께 하여 주시옵소서!

소지 ▶▶ **마무리 단계**

(예시) 우리 주 예수 그리스도의 이름으로 기도드립니다. 아멘!

05 길 묻기 스피치

❶ 시작 단계
첫 번째 순서는 '실례합니다.' 등으로 말을 거는 단계입니다.

예시 실례합니다.

❷ 양해 구함 단계
두 번째 순서는 길을 물어봐도 되느냐고 상대에게 양해를 구하는 단계입니다.

예시 길 좀 물어봐도 될까요?

❸ 질문 단계
세 번째 순서는 핵심, 즉 질문을 하는 단계입니다.

> [예시] 경기대학교 사회교육원을 찾는데, 어떻게 가야 하나요?

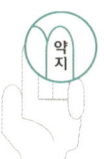

❹ 반응 단계
네 번째 순서는 상대의 대답에 반응을 보이는 단계입니다.

> [예시] 아, 그렇습니까?

❺ 마무리 단계
다섯 번째 순서는 감사의 표현을 하는 단계입니다.

> [예시] 고맙습니다.

스피치는 자발적으로

어느 날 넓고 넓은 바다 위에 유람선 한 척이 항해를 하고 있었습니다.
그런데 유람선 난간에 기대어 섰던 어떤 젊은 아가씨가 발을 헛디뎌서 갑자기 균형을 잃고 바다 속으로 떨어졌습니다. 그러자 즉시 한 남자가 물속으로 뛰어드는 겁니다. 놀랍게도 물속으로 뛰어든 남자는 배에서 가장 나이가 많은 80대 노인이었습니다.

결국은 구명보트로 모두 살아났고, 배에서는 그의 용감한 행동을 칭송하는 파티가 열렸습니다. 파티가 한창 무르익을 즈음에 사람들이 "어르신, 어떻게 그런 용기 있는 행동을 할 수 있는지 말씀 좀 해 주십시오!"하고 부탁을 했습니다. 그러자 노인은 천천히 일어나서 두리번거리더니 마이크를 잡고 이렇게 말을 했습니다.

"누가 나를 떠~밀었어!"

여러분! 스피치를 해야 하는 상황이라면 떠밀려 하지 마십시오. 스피치는 누가 시켜서 하는 것보다 자발적으로 했을 때 더 효과적입니다.

06 답변 스피치

답변 스피치는 두괄식 어법을 활용합니다. 그 방법은 '요지는, 왜냐하면, 예컨대, 그래서 …입니다(합니다).' 그리고 첫째, 둘째, 셋째 등으로 나누어 전개하는 '분항식 스피치' 또한 두괄식 어법을 활용한 예라고 볼 수 있습니다.

❶ 시작 단계
첫 번째 순서는 자신의 이름을 말하는 단계입니다.

❷ 핵심 요지 표현 단계
두 번째 순서는 답변의 핵심 요지 또는 결론을 먼저 밝히는 단계입니다. 다시 말해서 상대가 제일 궁금해하는 내용이나 가장 중요한 내용 또는 문제 해결 대안 등을 제시하는 단계입니다.

❸ 답변 근거 제시 단계

세 번째 순서는 '왜냐하면', '그 이유를 말씀드리자면', '왜 그런가 하면'이라는 등의 접속어를 앞세우면서 그렇게 답변을 하게 된 근거를 설명해 주는 단계입니다.

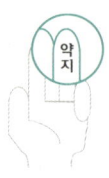

❹ 보충 단계

네 번째 순서는 '예컨대', '예를 들자면', '사례를 제시하자면' 등의 예를 들어 그렇게 답변을 하게 된 이유를 설명해 주는 단계입니다.

❺ 마무리 단계

다섯 번째 순서는 '그래서', '따라서', '그러므로' 등의 접속어를 앞세우면서 두 번째 검지 단계에서 밝혔던 찬·반 의견이나 호·불호, 장·단점 등의 자기 견해를 다시 표명하는 단계입니다.

▶▶▶ 실습 예문   답변 스피치의 활용

(상황) 상사의 질문 : ○○○ 씨, 우리 회사의 물류 센터 건립을 어떻게 생각하십니까?

엄지 ▷ 시작 단계
  예시) 네, 영업부 ○○○입니다.

검지 ▷ 핵심 요지 표현 단계
  예시) 저는 우리 회사 물류 센터 건립을 찬성하는 견해입니다.

중지 ▷ 답변 근거 제시 단계
  예시) 왜냐하면 우리 회사에서 매년 물류비용으로 지출되는 300억의 절반을 절약할 수 있기 때문입니다.

약지 ▷ 보충 단계
  예시) 예컨대 물류센터를 짓는 데에 드는 비용은 총 450억 원입니다만 이는 3년만 지나면 조성 비용이 빠지게 됩니다. 그 이후부터는 매년 150억 원의 물류비용이 계속 절감될 것이며 물류 규모가 커질수록 효과는 더욱 커질 것입니다.

소지 ▷ 마무리 단계
  예시) 그래서 저는 물류 센터 건립에 찬성합니다.

07 당선 스피치

❶ 시작 단계
첫 번째 순서는 1차 감사 인사와 더불어 간략하게 자기소개를 하는 단계입니다.

❷ 감사 단계
두 번째 순서는 자신을 뽑아준 유권자들에게 거듭 감사를 표현하는 단계입니다.

❸ 소감 표현 단계
세 번째 순서는 당선 소감을 표현하는 단계입니다.

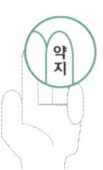

❹ 앞으로의 각오 제시 단계

네 번째 순서는 앞으로의 각오를 제시하는 단계입니다.

❺ 마무리 단계

다섯 번째 순서는 감사의 인사로 마무리하는 단계입니다.

▶▶▶ 실습 예문 — 당선 스피치의 활용

엄지 ≫ 시작 단계

예시) 주민 여러분, 정말 감사합니다. 여러분의 적극적인 지지 덕분에 저 ○○○, 시 의원에 당선되었습니다.

검지 ≫ 감사 단계

예시) 우선 저를 시 의원으로 뽑아 주신 우리 지역의 부모·형제·자매 여러분께 머리 숙여 감사의 인사를 올립니다.

중지 ≫ 소감 표현 단계

예시) '함께 꿈을 꾸면 꿈이 현실이 된다.'라는 말처럼 여러분의 열정적인 지지와 헌신이 오늘의 영광을 만들어낼 수 있었던 것 같습니다.

약지 ≫ 앞으로의 각오 제시 단계

예시) 저 ○○○는(은) 앞으로 여러분의 기대에 어긋나지 않게 열과 성을 다해 우리 지역 사회의 발전을 위해 온 힘을 다 쏟아 붓겠습니다. 저 ○○○, 개인의 영달이나 안위에는 추호의 욕심도 가지지 않겠습니다. 오직 우리 지역 사회와 주민 여러분의 안녕과 발전을 위하는 일에만 매진할 것을 여러분 앞에서 굳게 다짐합니다.

소지 ≫ 마무리 단계

예시) 여러분, 저 ○○○, 앞으로도 많이 도와주십시오. 감사합니다.

분위기 반전 유머

    그녀를 짝사랑한 지 벌써 1년. 그러나 나는 내 마음을 고백하지 못하고 있었다. 이제는 고백할 때가 되지 않았느냐는 친구의 말에 용기를 내어 사랑의 고백이 담긴 편지를 썼다. 그러나 건네줄 기회를 매번 놓쳐 편지는 주머니에서 꼬깃꼬깃해졌다. 그러던 어느 날, 나는 그녀를 보자마자 편지를 그녀에게 던지듯 건네 주고는 도망쳤다. 다음날 그녀에게서 만나자는 전화가 왔다. 가로등 불빛 아래에서 그녀가 내게 말했다.

    "어제 나한테 1,000원 왜 던졌어?"

08 DJ 스피치

DJ(Disk Jockey)는 분위기 있는 스피치의 대가라고 해도 과언이 아닐 것입니다. 졸린 오후에는 생동감 있고 발랄한 스피치를 구사하고, 심야 시간대에는 아늑하면서도 가슴을 움직이는 감동적인 스피치를 전해 줍니다. 핑거 스피치를 활용해서 멋진 DJ가 되어 볼까요?

❶ 시작 단계
첫 번째 순서는 인사와 자기소개를 하는 단계입니다.

❷ 소감 표현 단계
두 번째 순서는 그 날의 주제·사건·이슈 등에 대한 소감을 표현하는 단계입니다.

❸ 사연 소개 단계

세 번째 순서는 사연을 소개하는 단계입니다.

❹ 보충 단계

네 번째 순서는 사연에 대한 부연 설명을 하는 단계입니다.

❺ 마무리 단계

다섯 번째 순서는 덕담과 노래를 전달하는 단계입니다.

▶▶▶ 실습 예문   DJ 스피치의 활용

(원고) 별이 빛나는 밤에

엄지 ▶ 시작 단계

> 예시) 별이 빛나는 밤에 청취자 여러분, 안녕하십니까?
> 여러분의 별밤지기 ○○○입니다.

검지 ▶ 소감 표현 단계

> 예시) 오늘은 첫눈이 내렸습니다.
> 사랑하는 사람과 함께 눈을 맞으며
> 무작정 거리를 걷고 싶은 그런 밤입니다.

중지 ▶ 사연 소개 단계

> 예시) 영등포에 사시는 아이디 '사랑지기' 님의 글입니다.
> "첫눈 내리는 날 나는 그녀를 만났다. 그리고 첫눈에 반했다."

약지 ▶ 보충 단계

> 예시) 너무 멋진 글이라서 우리 별 밤 가족 여러분에게 전해 드렸습니다.
> 오늘은 사랑과 첫눈에 얽힌 사연과 그에 어울리는 음악들로 준비했습니다.

소지 ▶ 마무리 단계

> 예시) 감미로운 음악과 아련한 추억, 아름다운 사연에 푹 젖어보는
> 행복한 밤이 되시기 바랍니다. 오늘의 첫 번째 곡입니다. "눈이 내리네."

09 마무리 스피치

❶ 시작 단계
첫 번째 순서는 청중에 대한 인사와 자기소개를 하는 단계입니다.

예시 안녕하십니까? 스피치가 즐거운 남자(여자) ○○○입니다.

❷ 감사 단계
두 번째 순서는 주최자와 관계자, 동료에 대한 감사의 인사를 전달하는 단계입니다.

도움말 마무리 스피치의 방향은 '감사'입니다.

❸ 소감 피력 단계
세 번째 순서는 자기의 소감을 피력하는 단계입니다. 마무리 스피치는 과거·현재·미래의 시간적 구성법으로 내용을 전개해 나가면 효과적입니다.

- 과거 참여 동기
- 현재 교육 후 소감(긍정적으로)
- 미래 계획과 다짐

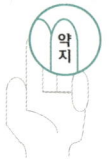

❹ 보충(다시 감사) 단계

네 번째 순서는 주최자와 관계자, 동료에게 다시 한 번 감사의 인사를 전하는 단계입니다. 혹은 ② 감사 단계에서 아직 표현하지 못한 분(들)에게 감사의 인사를 전달하는 단계입니다.

도움말 반복하지만, 마무리 스피치의 방향은 '감사'입니다. 두 번째 손가락인 검지가 '감사' 즉 2음절인 '2'에 해당하므로 '다시 감사'는 4음절로서 네 번째 손가락인 약지 즉 '4'에 해당합니다. '2'의 반복은 '4'입니다. (2+2=4, 2×2=4)

---

finger tip 마무리 스피치에서의 검지와 약지

마무리 스피치에서의 검지는 '감사'의 스피치를, 약지는 '다시 감사'의 스피치를 전달합니다.

❺ 마무리 단계

다섯 번째 순서는 끝 인사로 마무리하는 단계입니다.

예시 감사합니다.

▶▶▶ 실습 예문 — 마무리 스피치의 활용

(상황) 1박 2일의 스피치 연수 교육 후 소감을 피력하는 시간

엄지 ≫ 시작 단계

예시 안녕하십니까?
스피치가 즐거운 남자(여자) ○○○입니다.

검지 ≫ 감사 단계

예시 우선 우리에게 이렇게 좋은 배움의 기회를 열어 주시고, 1박 2일 동안 우리의 스피치 실력 향상을 위해 힘써주신 ○○○ 원장님께 깊은 감사의 말씀을 드립니다.

중지 ≫ 소감 피력 단계

1. 과거 : 참여 동기

예시 종로의 한 스피치 트레이닝 센터에서 ○○○ 선생님을 만나 이 뜻 깊은 교육 과정에 참가하게 되었습니다.

2. 현재 : 교육 후 소감

예시 교육을 마친 지금의 제 심정은 벅찬 감동과 기쁨으로 넘칩니다. 그리고 이번 연수에 참석하길 정말 잘했다는 생각이 듭니다. 좋은 분들도 만나고, 즐겁게 스피치 교육도 받으면서 여러분과 정을 많이 나누었습니다. 함께 보낸 시간은 비록 짧은 기간이지만 제 가슴 속에 소중한 추억으로 간직되리라 믿습니다.

모든 교육이 체계적이고 알찬 내용으로 진행이 잘 되었습니다. 특히 인간관계에 대한 교육은 정말 제 마음을 울리는 감명 깊은 강의였습니다.

3. 미래 : 계획과 다짐
(예시) 앞으로 이 교육을 통해 얻게 된 강한 자신감과 행동력을 가지고 실생활에서 꾸준히 스피치를 연마해 나간다면 우리는 모두 21세기에 빛나는 멋진 성공인이 될 수 있으리라 믿습니다.

(약지) ▶ **보충(다시 감사) 단계**
(예시) 이번 스피치 연수 교육을 통해 서로 격려해 가며 스피치에 함께 몰두했던 여러분 모두에게 감사드립니다. 아울러 여러분 모두가 스피치의 달인이 되시기 바랍니다.

(소지) ▶ **마무리 단계**
(예시) 이것으로 스피치 연수 교육 수료 소감을 마칩니다. 감사합니다.

10 명함 받을 때의 스피치

❶ 준비 단계

첫 번째 순서는 명함을 받을 준비 자세를 갖추는 단계입니다.
상대방이 "명함 한 장 드리겠습니다."라고 말하면서 건네게 되면 "아~ 예!"라고 대답함과 동시에 일어서면서 받을 준비를 합니다.

❷ 받기 단계

두 번째 순서는 명함을 두 손으로 받으면서 감사 표현을 하는 단계입니다.
단, 동시에 주고받을 때는 부득이 오른손으로 건네주고, 왼손(한 손)으로 받습니다. 명함을 받아든 두 손의 위치는 가슴 높이가 적당합니다.

❸ 확인 단계

세 번째 순서는 받은 명함을 그 자리에서 확인하면서 소감 표현을 하는 단계입니다. 즉 직책·직종·명함 디자인·존함 등과 관련된 칭송으로 소감을 표현합니다.
(195쪽 예시 참고)

예시 참 멋진 이름을 갖고 계십니다.

❹ 보충(질문)단계

네 번째 순서는 본관, 작명에 얽힌 사연, 어려운 한자 등 의문 나는 점이 있을 때 질문을 통해서 보충하는 단계입니다.
(195쪽 예시 참고)

예시 선생님! 죄송합니다만 가운데 글자(한자)가 어렵습니다. 어떻게 읽어야 하나요?

❺ 마무리 단계

다섯 번째 순서는 명함을 받고 마무리 멘트를 하는 단계입니다.

예시 1 "좋은 분을 만나 뵙게 되어 기쁘게 생각합니다. 선생님! 앞으로 잘 모시겠습니다."
예시 2 "한 번 연락 드리겠습니다."

finger tip

받은 명함을 바지 뒷주머니에 넣어서는 안 됩니다.
명함을 받으면 만남이 끝나기 전까지 눈에 보이게 두는 게 좋습니다.
앉아서 미팅을 진행할 때는 테이블 위에 올려놓는 것이 좋고, 명함지갑이 있다면 그 위에 올려놓는 것이 좋습니다.

11 명함 줄 때의 스피치

❶ 시작 단계

첫 번째 순서는 상대방 얼굴을 보면서 "처음 뵙겠습니다. 명함 한 장 드리겠습니다."라고 말하고 인사한 후에 앞으로 나아가는 단계입니다.

예시 처음 뵙겠습니다. 명함 한 장 드리겠습니다.

❷ 주기 단계

두 번째 순서는 "○○○입니다."라고 말하면서 명함을 건네 주는 단계입니다. 이때 명함을 오른쪽으로 건네면서 허리를 약간 구부려 예를 갖춥니다. 또한 명함을 건넬 때는 상대방이 내 이름을 잘 볼 수 있도록 거꾸로 건네 줍니다.

예시 ○○○입니다.

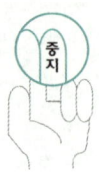

❸ 자기소개 단계
세 번째 순서는 분위기를 살펴보아 가면서 자기소개를 하는 단계입니다.

(예시) 선생님을 만나 뵙게 되어 영광입니다. 저는 경기대학교에 근무하고 있습니다. 잘 부탁합니다.

❹ 보충 단계
네 번째 순서는 상대방의 질문에 응답하거나 덧붙이고 싶은 사항이 있으면 보충하는 단계입니다.

(예시) 상대방 : 경기대학교가 어디에 있나요?
　　　나 : 서대문구 충정로역 근처에 있습니다.

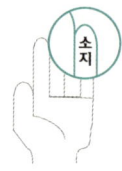

❺ 마무리 단계
다섯 번째 순서는 상황에 맞는 마무리 인사를 하는 단계입니다.

(예시) "선생님! 만나서 반가웠습니다.
　　　다음에 또 뵙겠습니다."

---

finger tip 명함을 기본적으로 주고받을 때

아랫사람이 윗사람에게 먼저 명함을 건네고 인사한 후에 윗사람의 명함을 받지만, 상황에 따라 동시에 교환해도 상관없습니다.

위트 유머

유머는 청중이 미처 생각지도 못한 반전이 있을 때 웃음을 유발하게 됩니다.

광대가 돌이킬 수 없는 실수를 하게 되어 왕의 노여움을 사게 되고, 결국 사형에 처하게 되었습니다.

왕 : "너는 사형을 면할 수는 없지만, 그동안의 세운 공을 참작해서 네가 원하는 방법으로 사형을 집행하겠노라!"
광대 : "감사합니다. 자비로운 왕이시여! 제가 죽고 싶은 방법이 꼭 하나 있습니다."
왕 : "그래, 그것이 무엇이냐?"
광대 : "왕이시여! 저는 늙어서 죽고 싶사옵니다."

12 병 문안 스피치

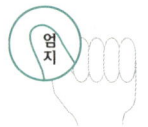
❶ 시작 단계
첫 번째 순서는 상대에게 안타까운 마음을 담아 인사를 하는 단계입니다.

❷ 병세 질문 단계
두 번째 순서는 병세가 어떤지를 질문하는 단계입니다.

❸ 마음 표현 단계
세 번째 순서는 안타까운 마음을 표현하는 단계입니다.

❹ 보충 단계
네 번째 순서는 위로(격려, 용기)의 말을 전달하는 단계입니다.

❺ 마무리 단계
다섯 번째 순서는 쾌유를 기원하며 마무리 인사를 하는 단계입니다.

> ▶▶▶ **실습 예문**　　**병 문안 스피치의 활용**

엄지 ▶▶ 시작 단계
> **예시** 이 팀장님! 소식 듣고 달려왔습니다. 많이 놀라셨죠?

검지 ▶▶ 병세 질문 단계
> **예시** 교통사고라고 들었는데 많이 다치신 건 아니죠? 이렇게 뵈니깐 얼굴이 밝으셔서 조금 안심이 됩니다. 한쪽 다리를 다치셨다고요?

중지 ▶▶ 마음 표현 단계
> **예시** 휴가도 없이 출장 다녀오시는 길에 참 안타까운 일입니다. 더운 날씨에 고생이 많으십니다.

약지 ▶▶ 보충 단계
> **예시** 그래도 이만하시길 천만다행이지요. 그리고 곧 회복이 되신다고 하니 한시름 놓겠습니다.

소지 ▶▶ 마무리 단계
> **예시** 몸조리 잘하시고, 건강한 모습으로 회사에서 뵙겠습니다. 팀장님 몫까지 더 열심히 뛰고 있겠습니다. 하루빨리 돌아오세요!

문병 인사말의 예

❶ 사고를 당하셨다기에 무척 놀랐습니다. 이만하시기에 다행입니다.
❷ 요새는 병환이 좀 어떻습니까? 차도가 좀 있으시다니 반갑습니다.
❸ 요전보다는 안색이 훨씬 나아 보입니다. 이제 조금만 지나면 완쾌되겠지요. 이대로 꾸준히 조리를 잘하셔야겠습니다.

13 부탁 스피치

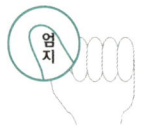

❶ 시작 단계
첫 번째 순서는 인사와 함께 자기소개를 하는 단계입니다.

❷ 스몰 토크 단계
두 번째 순서는 스몰 토크로 분위기를 부드럽게 만드는 단계입니다.

> **finger tip** 스몰 토크(small talk)
>
> 하찮고 시시한 이야기로서 이른바 '잡담', '세상 이야기', '이야기보따리'라고 직역합니다. 즉 스몰 토크는 스피치의 조미료로서 감칠맛과 향기를 더해 주게 됩니다. 음식을 만들고자 신선한 재료를 준비하듯이, 말에도 신선한 말감과 소재가 준비되어 있어야 합니다.

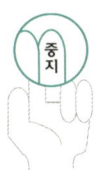

❸ 부탁 단계
세 번째 순서는 정중하게 부탁하는 단계입니다.

finger tip 부탁

말하기 제일 좋은 상황이라고 판단되면 말합니다. 이때 돌려서 말하지 말고 직접적으로 정중하게 부탁합니다. 이때 말투, 표정, 자세도 공손하고 단정하게 해야 합니다.

❹ 보충 단계
네 번째 순서는 부탁하는 이유를 설명하는 단계입니다.

❺ 마무리 단계
다섯 번째 순서는 예의를 지키며 마무리를 잘하는 단계입니다.

finger tip

승낙해 주었을 때는 고맙다는 표현을 해 주고, 거절했을 때는 마음에 부담을 주어 미안하다는 뜻을 전달합니다.

▶▶▶ 실습 예문 : 부탁 스피치의 활용

(상황) 어제 이사 왔는데 액자 정리를 하다 보니 지금 벽에 있는 나사를 빼내야 합니다. 그런데 집안을 아무리 뒤져도 드라이버는 보이지 않습니다. 이웃에게 드라이버를 빌려달라는 부탁을 해 볼까요?

엄지 ≫ 시작 단계
> 예시) 안녕하세요? 앞집 307호에 어제 새로 이사 온 길동이 엄마예요.

검지 ≫ 스몰 토크 단계
> 예시) 이사한다고 바빠서 인사도 못 드렸네요.

중지 ≫ 부탁 단계
> 예시) 다름이 아니라 혹시 드라이버 가지고 계시면 빌릴까 해서 왔습니다.

약지 ≫ 보충 단계
> 예시) 지금 나사를 빼야 하는데 짐 정리가 안 돼서 드라이버를 아무리 찾아도 찾을 수가 없네요.

소지 ≫ 마무리 단계
> 예시) 감사합니다. 금방 쓰고 갖다 드리겠습니다.

finger tip

부탁함에 대사가 따로 정해져 있지는 않죠? 위의 내용을 참고로 하면서 자신의 성격이나 스타일에 맞게 표현해 보시기 바랍니다.

● 부탁할 때 꼭 필요한 표현

❶ 부장님이라면 이해해 주시리라 믿고 부탁하러 왔습니다.
❷ 바쁘신 분이니까 부탁하는 겁니다. 한가한 사람한테는 아예 부탁할 생각도 하지 않을 겁니다.
❸ 이 부탁 들어줄 사람은 자네밖에 없어!
❹ 부장님께서 오케이 하신다면 모두 뒤에서 따를 겁니다. 만일 부장님께서 외면하신다면 이것은 무리라고 생각합니다. 이 문제는 부장님에게 달렸습니다.
❺ 간단하게 승낙하지 않는 신중한 분이니까 제가 이렇게 부탁하고 있는 겁니다.

14 사과 스피치

❶ 시작 단계
첫 번째 순서는 사과할 상대의 이름을 부르는 단계입니다.

❷ 용건 제시 단계
두 번째 순서는 미안한 마음이 상대에게 잘 전달될 수 있도록 용건을 제시하는 단계입니다.

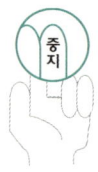
❸ 사과 단계
세 번째 순서는 사과하는 단계입니다.

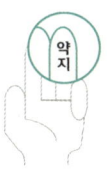

❹ 보충 단계
네 번째 순서는 사과하는 이유를 설명하는 단계입니다.

❺ 마무리 단계
다섯 번째 순서는 앞으로는 그렇게 하지 않을 것을 다짐하는 의사 표시를 하는 단계입니다. 또한 사과를 받아주고 내 잘못을 알게 해준 것에 대해 감사를 표현하는 단계입니다.

---

finger tip 　사과(謝過)의 '사(謝)' 자

'사례할 사' 자로 말씀 언(言)과 쏠 사(射)가 합쳐진 글자입니다. 화살이 과녁에 닿지 않으면 소용없듯이 사과의 말이 상대의 마음에 닿지 않으면 의미 없는 말에 불과할 것입니다. 따라서 자신의 미안한 마음을 상대에게 닿게 잘 전달해야 한다는 것입니다. 감사(感謝)의 표현도 마찬가지겠지요.

> ▶▶▶ 실습 예문   사과 스피치의 활용

엄지 ▶ **시작 단계**
  예시 부장님!

검지 ▶ **용건 제시 단계**
  예시 잠시 드릴 말씀이 있습니다.

중지 ▶ **사과 단계**
  예시 제가 보고서를 늦게 올리는 바람에 부장님께서 사장님과 면담하실 때 많이 힘드셨을 줄 압니다. 정말 죄송합니다.

약지 ▶ **보충 단계**
  예시 마감 시한을 제가 착각해 버리고 말았습니다.

소지 ▶ **마무리 단계**
  예시 앞으로는 업무처리를 빈틈없이 하겠습니다.
  제 잘못인데도 너그럽게 감싸주신 부장님께 감사드립니다.

15 사회 보기 스피치

1. 강연회에서 사회 보기 스피치(초청 강사가 한 분일 때)

1.1 강연회에서 강사의 강연 전 사회 보기 스피치

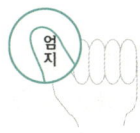

❶ 시작 단계
첫 번째 순서는 청중에게 인사와 자기소개를 하는 단계입니다.

❷ 관심 끌기(호감 사기) 단계
두 번째 순서는 청중에게 관심 끌기(호감 사기)를 하는 단계입니다.

❸ 제목 제시 단계
세 번째 순서는 청중에게 강연의 제목을 알리는 단계입니다.

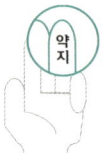
❹ 필요성 제시 단계
네 번째 순서는 청중에게 강연의 필요성을 제시하는 단계입니다.

❺ 강사 소개 단계
다섯 번째 순서는 청중에게 강사를 소개하는 단계입니다. 이때 포즈나 강약 등 말의 리듬을 살려 소개한다면 더욱 효과적입니다. (79쪽 예시 참고)

finger tip TIS

강연회 사회 보기 스피치의 공식은 TIS입니다. T는 Topic(화제)으로 청중에게 강연의 제목을 알리고, I는 Importance(중요성)로 강연의 중요성 또는 필요성을 알린 다음, S는 Speaker(연사)로 강사를 청중에게 소개하는 것입니다.

- 사회자는 연사를 소개할 때 이름을 제일 뒤에 소개해야 합니다. 그렇게 해야 과연 누구일까 하는 궁금증과 기대감을 유발할 수 있습니다. 사회자는 연사의 이름이 호명될 때 일제히 박수로써 환영할 수 있도록 유도합니다. 박수 유도는 사회자의 중요한 역할 중의 하나입니다. 사회자는 박수를 유도함으로써 분위기를 띄우기도 하고, 유머를 사용함으로써 가라앉은 분위기를 살리기도 해야 합니다.

- 사회를 한다고 하지 않고 왜 사회를 본다고 할까요?

  그것은 단순한 진행을 뛰어넘어 모임의 분위기를 살펴 참가자들의 심리 상태까지 잘 파악하고 조절하면서 진행해야 하기 때문에 사회를 본다고 말하는 것입니다.

- 말을 잘하는 사람은 많아도 사회를 잘 보는 사람은 드물다는 얘기가 있을 정도로 사회를 잘 보기는 쉬운 일이 아닙니다. 사회자는 돌아가는 내용을 모두 꿰뚫고 있어야 하기 때문입니다. 따라서 사회는 그 계통의 최고 권위자가 보는 것이 원칙입니다. 그래야 패널 석에서 나온 어려운 얘기를 청중에게 쉽게 요약해서 얘기해 주고, 질문을 반복 확인하여 질문의 정확한 의도를 파악해서 본 의제가 옆길로 새는 것을 방지해 줄 수 있기 때문입니다.

finger tip

- **호감 사기** : 청중의 호감을 사려는 방법으로는 감사·칭찬·인연 등을 들 수 있습니다.

- **관심 끌기** : 청중의 관심을 끄는 방법으로는 경험담, 날씨, 내외 귀빈 소개, 본론과 관련된 이야기, 시사적인 뉴스를 이용한 도입, 인용문을 인용한 도입, 재미있는 내용을 이용한 도입, 내 강의가 앞의 연사와 비교가 될 때의 도입 등을 들 수 있습니다.

- **이해 돕기**(주제 선언) : 연사는 청중의 이해를 돕고자 주제를 선언하는 것이 효과적입니다. 여기서는 사회자가 청중에게 강연의 제목을 알리는 것입니다.

(자세한 내용은 『김현기 교수의 파워 스피치 특강』 169쪽 제4강 스피치의 핵심 이론 '제5장. 스피치의 효과적인 시작'을 참고하시기 바랍니다.)

▶▶▶ 실습 예문 1 강연회에서 사회 보기 스피치의 활용

1.1 강연회에서 강사의 강연 전 사회 보기 스피치

엄지 ≫ 시작 단계

예시) 안녕하십니까? 오늘의 사회를 맡은 완소남(완전히 소중한 남자) ○○ ○입니다.

검지 ≫ 관심 끌기(호감 사기) 단계

예시) 우선 오늘 강연회에 자리를 가득 메워 주신 여러분께 사회자로서 깊은 감사의 말씀을 드립니다. 바로 지금 이 순간 자기개발을 위해 노력하시는 훌륭하신 여러분과 함께 잠시 후면 유익하고도 재미있는 명강의를 들을 생각에 벌써 마음이 설레고 행복합니다.

중지 ≫ 제목 제시 단계

예시) 오늘의 연제는 '성공의 비결'입니다.

약지 ▶ **필요성 제시 단계**

예시 우리는 모두 성공을 원합니다. 그러나 우리가 모두 성공을 하는 것은 아닙니다. 그렇다면, 어떻게 해야 성공할 수 있을까요? 성공을 위한 특별한 비결이라도 있는 것일까요? 따라서 오늘은 성공에 대한 전문가를 모시고 '성공의 비결'이라는 주제로 좋은 강연을 듣는 순서를 마련했습니다.

소지 ▶ **강사 소개 단계**

예시 오늘 여러분께 좋은 강연을 해 주실 강사님께서는 대한민국 스피치계에서 둘째 가라면 서러울 정도로 크게 성공을 하신 분입니다. 또 강사님께서는 현재 ○○대학교 등 여러 대학에서 인재 양성을 위해 왕성하게 활동 중이시며 **성공학 개론** 등 약 30여 권의 책을 저술하기도 했습니다. 여러분, 이렇게 훌륭하신 강사님을 모시고 특강을 듣게 된 것은 우리 모두의 큰 영광이 아닐 수 없습니다. 오늘 우리에게 '성공의 비결'이라는 주제로 좋은 강연을 해 주실 강사님을 소개합니다.

여러분, /// (포즈를 취하면서 청중을 쭉 둘러본 후) ○○○ 박사님을 **힘**찬 박수로 **환**영해 주시기 **바**랍니다. (포즈, 강약, 완급 등의 리듬을 살려 표현을 하면 효과적인 소개가 됩니다.)

1.2 강연회에서 강사의 강연 후 사회 보기 스피치

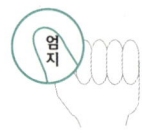
❶ 감사 표현 단계
첫 번째 순서는 강의를 마친 강사에게 감사 표현을 하는 단계입니다.

❷ 내용 요약 단계
두 번째 순서는 강연 내용을 요약하는 단계입니다.

❸ 박수 유도 단계
세 번째 순서는 강사에게 다시 한 번 힘찬 박수로써 감사를 표현하는 단계입니다.

❹ 종료 안내 단계
네 번째 순서는 종료 신호로서 안내 말씀을 하는 단계입니다.

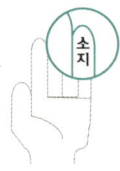
❺ 마무리 단계
다섯 번째 순서는 폐회 선언과 함께 강연회를 마무리하는 단계입니다.

▶▶▶ 실습 예문 2　강연회에서 사회 보기 스피치의 활용

1.2 강연회에서 강사의 강연 후 사회 보기 스피치

엄지 ▶▶ 감사 표현 단계
　예시 ○○○ 박사님! 감사합니다.

검지 ▶▶ 내용 요약 단계
　예시 ○○○ 박사님의 주옥같은 말씀 잘 들었습니다. 특히 성공을 위해 적극적인 사고방식을 가지고 목표를 달성하고자 끊임없이 도전해야 한다는 말씀은 현대를 살아가는 우리가 꼭 명심해야 할 값진 가르침이라고 생각합니다.

중지 ▶▶ 박수 유도 단계
　예시 여러분! 오늘 성공에 관한 유익한 말씀을 해주신 ○○○박사님께 다시 한 번 힘찬 감사의 박수를 부탁합니다.

약지 **종료 안내 단계**

예시 여러분! 다음 달에 강연을 해 주실 분은 ○○대학교 사회교육원 리더스 스피치 과정 주임 교수로 계시는 ○○○박사님이십니다. 연제는 '성인들의 발표 불안의 원인과 해결 방안'입니다. 우리 모두에게 유익한 시간이 되리라 믿습니다. 꼭 참석해 주시기 바랍니다.

소지 **마무리 단계**

예시 끝으로 이 자리를 마련해 주신 ○○○ 원장님을 비롯한 관계자 여러분께 감사의 말씀을 드립니다. 그리고 끝나는 시간까지 자리를 함께 해주신 모든 학우 여러분께 다시 한 번 감사의 말씀을 드리면서, 이 강연회를 모두 마칩니다. 감사합니다.

2. 결혼식에서 사회 보기 스피치

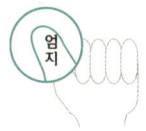

❶ 준비 단계

첫 번째 순서는 예식 시간 5분 전에 식장을 정돈하고 예식을 준비하는 단계입니다.

예시 잠시 후 신랑 ○○○군과 신부 ○○○양의 결혼식이 진행될 예정입니다. 하객 여러분께서는 식장 안으로 들어오셔서 자리에 앉아 주시기 바랍니다. 자리에 앉으실 때는 앞좌석부터 앉아 주시길 바랍니다. 그리고 원활한 행사 진행을 위해서 휴대 전화는 꺼 주시거나 진동으로 전환해 주시기 바랍니다. 감사합니다.

❷ 화촉 점화 단계

두 번째 순서는 화촉을 밝히도록 안내하는 단계입니다.

예시 이제 오늘의 성스러운 예식을 위하여 양가 어머님께서 축복의 촛불을 밝히시겠습니다.
하객 여러분, 양쪽 집안의 어머님께서 입장하실 때 힘찬 박수를 부탁합니다. 양가 어머님께서는 입장해 주십시오. (점화 후 양가 어머님 맞절과 내빈께 인사 후 자리에 착석)

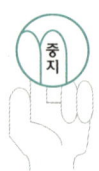
❸ 자기소개 단계
세 번째 순서는 사회를 보는 자신을 소개하는 단계입니다.

예시) 저는 오늘 사회를 맡은 신랑 ○○○ 군의 죽마고우 ○○○입니다.

❹ 축하 메시지 전달 단계
네 번째 순서는 결혼을 진심으로 축하하는 마음을 전달하는 단계입니다.

예시) 학창 시절 함께 말썽도 많이 피우고, 재미있게 지냈던 기억이 엊그제 같은데 ○○(이)가 결혼을 하니 감회가 새롭군요. 여러 친구를 대표해서 신랑 ○○○ 군의 결혼을 진심으로 축하합니다.

❺ 마무리 단계
다섯 번째 순서는 신랑 신부의 결혼 시작을 알리는 단계입니다

예시) 그럼 지금부터 신랑 ○○○군과 신부 ○○○양의 결혼식을 시작하겠습니다.

그다음부터는 예식장에서 나눠주는 사회 문구를 보고 진행하면 됩니다.

3. 경연 대회에서 사회 보기 스피치

경연 대회의 사회 보기 스피치는 비교적 많은 인원을 사회자가 소개해야 한다는 점에서 한 사람 혹은 적은 인원을 소개해야 하는 강연회에서의 사회 보기 스피치와 구분이 됩니다. 따라서 경연 대회에서 사회를 보는 사회자는 연사를 장황하게 소개하기보다는 핵심만을 표현해서 간결하고 짧게 소개해야 합니다.

3.1 첫 번째 연사의 발표 전

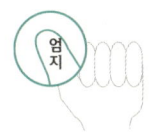
❶ 시작 단계
첫 번째 순서는 청중에게 인사와 자기소개를 하는 단계입니다.

❷ 관심 끌기(호감 사기) 단계
두 번째 순서는 청중에게 관심 끌기(호감 사기)를 하는 단계입니다.

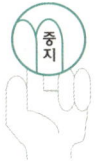
❸ 개회 선언 단계
세 번째 순서는 청중에게 개회 선언을 하는 단계입니다.

❹ 연사와 주제 소개 단계
네 번째 순서는 청중에게 첫 번째 연사와 발표 주제를 소개하는 단계입니다.

❺ 박수 유도 단계
다섯 번째 순서는 청중이 첫 번째 연사에게 응원의 박수를 보낼 수 있도록 박수를 유도하는 단계입니다.

▶▶▶ 실습 예문 1 경연 대회에서 사회 보기 스피치의 활용(대학의 스피치 경연 대회)

3.1 첫 번째 연사의 발표 전

엄지》 시작 단계

예시) 안녕하십니까?
오늘의 사회를 맡게 된 미소가 멋진 남자(여자) ○○○입니다.

검지》 관심 끌기(호감 사기) 단계

예시) 건강한 모습으로 스피치를 사랑하시는 여러분을 이렇게 한자리에서 뵐 수 있게 되어 대단히 기쁘고 반갑습니다. 여러분! 오늘은 좋은 날입니다. 왜냐하면 그동안 훌륭하신 ○○○교수님으로부터 전수받은 스피치 실력을 마음껏 발휘할 좋은 기회의 장이 펼쳐졌기 때문입니다.

아무쪼록 여러분과 함께하는 오늘 바로 이 시간이 우리 모두에게 도움이 될 수 있는 값진 시간, 소중한 시간, 유익한 시간이 되시기를 바랍니다.

중지》 개회 선언 단계

예시) 그럼, 지금부터 2008년 제7회 ○○대학교 사회(평생)교육원 주최 파워 스피치 경연 대회를 시작하겠습니다.

약지 ▶ **연사와 주제 소개 단계**

(연사의 소속·이름·직함·직업 등 이력을 소개하고 발표 주제를 소개)

예시 그럼, 첫 번째 연사부터 여러분께 소개해 드리도록 하겠습니다. 제일 먼저 발표를 해 주실 분은 한 학기 동안 우리 학우들을 위해 봉사를 아끼지 않으신 우리들의 회장님입니다.

오늘 우리에게 '행복의 비결'이라는 주제로 스피치를 해 주실 참가 번호 1번 ○○○ 연사님을 소개합니다.

소지 ▶ **박수 유도 단계**

예시 여러분, 힘찬 박수로 환영해 주시기 바랍니다.

3. 경연 대회에서 사회 보기 스피치

3.2 첫 번째 연사의 발표 후

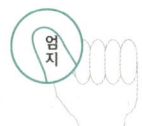
❶ 격려 단계
첫 번째 순서는 발표를 마친 연사에게 격려의 마음을 전달하는 단계입니다.

❷ 내용 요약 단계
두 번째 순서는 발표를 마친 연사의 발표 내용을 요약하는 단계입니다.

❸ 격려의 박수 유도 단계
세 번째 순서는 청중이 발표를 마친 연사에게 격려의 박수를 보낼 수 있도록 박수를 유도하는 단계입니다.

❹ 다음 연사와 주제 소개 단계
네 번째 순서는 다음(두 번째, …) 연사와 발표 주제를 소개하는 단계입니다.

❺ 환영의 박수 유도 단계
다섯 번째 순서는 청중이 다음(두 번째, …)연사에게 환영의 박수를 보낼 수 있도록 박수를 유도하는 단계입니다.

▶▶▶ 실습 예문 2　경연 대회에서 사회 보기 스피치의 활용(대학의 스피치 경연 대회)

3.2 첫 번째 연사의 발표 후

엄지》 격려 단계

예시　○○○ 연사님, 참으로 훌륭한 발표였습니다. 첫 번째로 나오셔서 스피치를 한다는 것이 결코 쉬운 일은 아닌데요, 우리들의 대표답게 멋있는 모습으로 잘 해주셨습니다.

검지》 내용 요약 단계

예시　특히, "행복하려면 행복하여라."라는 짧고 강한 여운을 남기는 멘트로 마무리하는 기법은 참으로 감동적이었습니다. 그것은 한 학기 동안 진행된 리더스 스피치의 학습 결과가 아닌가 생각됩니다.

중지》 격려의 박수 유도 단계

예시　여러분! 오늘 '행복의 비결'이라는 주제로 훌륭한 발표를 해주신 ○○○ 연사님께 다시 한 번 힘찬 격려의 박수를 부탁합니다.

약지》 다음 연사와 주제 소개 단계

예시　계속해서 다음 연사를 소개해 드리겠습니다. 오늘 두 번째로 발표를 해주실 분은 미소가 정말 아름다운 분입니다. 오늘 우리에게 '건강의 비결'이라는 주제로 스피치를 해 주실 참가 번호 2번 ○○○ 연사님을 소개합니다.

소지》 환영의 박수 유도 단계

예시　여러분, 우렁찬 박수로 환영해 주시기 바랍니다.

3. 경연 대회에서 사회 보기 스피치

3.3 마지막 연사의 발표 후

❶ 격려 단계
첫 번째 순서는 마지막 발표를 마친 연사에게 격려의 마음을 전달하는 단계입니다.

❷ 내용 요약 단계
두 번째 순서는 마지막 발표를 마친 연사의 발표 내용을 요약하는 단계입니다.

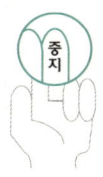

❸ 박수 유도 단계
세 번째 순서는 청중이 마지막 발표를 마친 연사에게 격려의 박수를 보낼 수 있도록 박수를 유도하는 단계입니다.

❹ 종료 안내 단계
네 번째 순서는 종료 신호로서 관계자와 청중에게 감사의 말씀을 전달하는 단계입니다.

❺ 폐회 선언 단계
다섯 번째 순서는 폐회 선언과 함께 경연 대회를 마무리하는 단계입니다.

> **실습 예문 3**　**경연 대회에서 사회 보기 스피치의 활용**(대학의 스피치 경연 대회)

3.3 마지막 연사의 발표 후

엄지 ▶ 격려 단계
　예시) ○○○ 연사님! 감동적인 휘날레를 장식한 멋진 발표였습니다. 그것은 모범생의 모습으로 수업을 한 번도 빠지지 않고 열심히 수강한 결과라고 생각합니다.

검지 ▶ 내용 요약 단계
　예시) 특히 성공을 위해 포기하지 말고 부단히 노력해야 한다는 말씀은 현대를 살아가는 우리가 꼭 유념해야 할 값진 내용이라고 생각합니다.

중지 ▶ 박수 유도 단계
　예시) 여러분! 오늘 '성공의 비결'이라는 주제로 좋은 발표를 해 주신 ○○○ 연사님께 다시 한 번 큰 격려의 박수를 부탁합니다.

약지 ▶ 종료 안내 단계
　예시) 이제 아쉽게도 참가 번호 17번 ○○○ 연사님을 끝으로 마쳐야 할 시간이 되었습니다. 끝으로 이 자리를 마련해 주신 ○○○교수님을 비롯한 관계자 여러분께 깊은 감사의 말씀을 드립니다. 그리고 끝까지 자리를 함께해 주신 모든 학우 여러분께 다시 한 번 감사의 말씀을 드리면서,

소지 ▶ 폐회 선언 단계
　예시) 2008년 제7회 ○○대학교 사회(평생)교육원 주최 파워 스피치 경연 대회를 모두 마칩니다. 감사합니다.

4. 노래방에서 사회 보기 스피치

❶ 시작 단계
첫 번째 순서는 인사와 자기소개를 하는 단계입니다.

❷ 개회 선언 단계
두 번째 순서는 개회 선언을 하는 단계입니다.

❸ 안내 단계
세 번째 순서는 노래를 부르는 차례나 규칙을 안내하는 단계입니다.

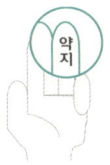
❹ 보충 단계
네 번째 순서는 부연 설명을 하는 단계입니다.

❺ 출연자 소개 단계
다섯 번째 순서는 노래할 사람을 멋진 멘트로 소개하는 단계입니다.

▶▶▶ 실습 예문   **노래방에서 사회 보기 스피치의 활용**

엄지 ▶ **시작 단계**

예시) 여러분, 안녕하십니까? 오늘의 즐거운 회식이 2차 노래방으로 이어졌습니다. 노래방에서 사회를 맡은 ○○○입니다.

검지 ▶ **개회 선언 단계**

예시) 지금부터 우리 총무과 노래자랑 대회를 시작하겠습니다.

중지 ▶ **안내 단계**

예시) ○○○부장님부터 시작해서 왼쪽으로 돌아가면서 한 곡씩 부르도록 하겠습니다.

약지 ▶ **보충 단계**

예시) 노래가 끊이지 않도록 미리 선곡해 주시기 바랍니다.

소지 ▶ **출연자 소개 단계**

예시) 자, 그럼 열정과 단합의 마음을 담아 즐거운 노래의 세계로 빠져 보겠습니다. 여러분, 첫 번째 출연자 ○○○ 부장님을 큰 박수로 모시겠습니다.

5. 팔순 연 등 잔치에서 사회 보기 스피치

❶ 시작 단계
첫 번째 순서는 인사와 자기소개를 하는 단계입니다.

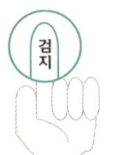
❷ 개회 선언과 입장 단계
두 번째 순서는 개회 선언과 더불어 주인공이 입장하는 단계입니다.

❸ 안내 단계
세 번째 순서는 주인공의 인사말·가족 대표 인사말 등을 할 수 있도록 안내를 하는 단계입니다.

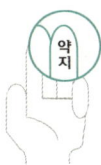
❹ 행사 진행 단계
네 번째 순서는 주인공을 금보다 더 귀하게 생각하며 축하 케이크 점화식과 축하주 올림 등의 행사를 예정된 순서에 따라 잘 진행해 나가는 단계입니다.

❺ 마무리 단계
다섯 번째 순서는 잔치의 공식 행사를 마무리하며 2부 여흥 시간으로 새롭게 이어짐을 알리는 단계입니다.

▶▶▶ 실습 예문 　팔순 연 등 잔치에서 사회 보기 스피치의 활용

엄지 ≫ **시작 단계**
예시 안녕하십니까? 오늘 행사 사회를 맡은 ○○○입니다.

검지 ≫ **개회 선언과 입장 단계**
예시 그럼 지금부터 오늘 (팔순 연)을 맞으신 ○○○(여사님, 선생님)을 모시고 일가친지 분들과 그 외 축하를 위해 참석해 주신 모든 분들과 함께 (팔순 연)회를 시작하도록 하겠습니다.

다 함께 자리에서 일어나 ○○○(여사님, 선생님)을 힘찬 박수로 환영해 주시면 감사하겠습니다.

오늘의 주인공이신 ○○○(여사님, 선생님)의 입장이 있겠습니다. 큰아드님과 큰며느님은 ○○○(여사님, 선생님)을 모시고 입장해 주시기 바랍니다.

다 함께 우렁찬 박수로 축하해 주시기 바랍니다.

(○○○ 님이 자리에 앉으시고 자리가 정리된 후) 네, 우리 ○○○(여사님, 선생님)께서 여러분의 축하를 받으면서 행복한 표정으로 입장하셨습니다. 감사합니다. 자, 그럼 이제 모든 하객 분들은 자리에 앉아 주시기 바랍니다.

중지 ▶▶ **안내 단계**

예시 다음은 오늘의 주인공이신 ○○○(여사님, 선생님)의 인사 말씀을 듣도록 하겠습니다.

이때 사회자는 ○○○ (여사님, 선생님)의 자리 옆에 올라가 마이크를 건네드리면서 "○○○ (여사님, 선생님) 기분 좋으시죠?" 등의 스몰 토크로 긴장을 풀어 드린 다음 "○○○ (여사님, 선생님) 오신 분들에게 한 말씀 부탁합니다." 라고 말합니다.

이번에는 가족을 대표해서 큰아드님이신 ○○○님의 인사 말씀을 듣도록 하겠습니다. 여러분, 큰 박수 부탁합니다.

그럼, 여기서 잠시 오늘 팔순 연을 맞이하신 ○○○님의 프로필을 간략하게 소개하는 시간을 갖겠습니다. (사회자가 ○○○ 님의 프로필을 소개합니다.)

약지 ▶▶ **행사 진행 단계**

예시 다음은 오늘 ○○○님의 팔순 연을 축하하기 위한 케이크 점화식을 갖겠습니다.

(큰손자나 큰손녀가 있는가 보고 없으면 큰아드님과 큰며느님 중에 선정한 다음), (선정한 사람을 호칭해 부르면서)
"○○○님, 나와서 케이크에 불을 붙여 주시기 바랍니다." (될 수 있으면 손자나 손녀에게 시키는 게 효과적입니다.)

(불을 붙인 다음 음악 팡파르 준비를 체크한 후) 오늘의 주인공 ○○○님께 이 사회자도 진심으로 팔십 번째 맞이하는 생신을 축하합니다. 언제나 건강하시기를 바라면서⋯ "○○○ 님, 힘차게 불을 꺼주시기 바랍니

다." (이때 음악 팡파르)

여러분께서도 힘찬 축하의 박수와 축하 폭죽을 터뜨려 주시기 바랍니다.

네, 감사합니다.

다음은 케이크 절단식이 있겠습니다. 가족 분들 모두 함께 ○○○님과 케이크 절단을 부탁합니다. 여러분께서는 다시 한 번 우렁찬 박수로 축하해 주시기 바랍니다. (사회자가 손뼉을 치면서 유도합니다.)

여러분, 이 기쁜 날 어찌 축하주가 빠지겠습니까?

이제 큰아드님부터 순서대로 ○○○님께 오래오래 건강하게 사시라고 축하주를 올리도록 하겠습니다. (이렇게 차례대로 축하주를 올린 다음)

이제는 ○○○님의 형제분들을 모시고 인사 소개와 더불어 축하주를 올리도록 하겠습니다. (이렇게 형제분들을 챙겨주고 그다음은 ○○○ 친구 분들, 다음은 아드님 친구 분들, 다음은 사돈 분 등을 챙겨줍니다.)

이렇게 사돈까지 오셔서 ○○○님의 축하를 해주시니 참 보기가 좋습니다. 아마도 ○○○ 님의 복이 아닌가 싶습니다.

(축하주를 다 올린 다음) 혹시 오늘 한 잔 못 올려 아쉬움이 있으신 분이 있으시면 모시도록 하겠습니다.

(이렇게 많은 분을 배려해 줌으로써 주인공은 기분이 좋아집니다.) 이것으로 공식적인 행사를 마치고, 이제는 2부 여흥으로 이어집니다.

소지 ▶ 마무리 단계

예시 그럼 오늘의 주인공이신 ○○○님부터 노래를 청해 듣겠습니다. (그리고 장남, 차남 순서로 다음은 친척 분… 등등으로 노래를 이어갑니다. 더 필요한 사항이 있다면 행사 때에 보충하시면 되겠습니다.)

16 선물 받기 스피치

❶ 시작 단계
첫 번째 순서는 인사와 함께 자신을 소개하는 단계입니다.

❷ 감사 표현 단계
두 번째 순서는 관계자와 협력자에 대해 감사의 표현을 하는 단계입니다.

❸ 의미 해석 단계
세 번째 순서는 받은 선물의 의미를 해석하는 단계입니다.

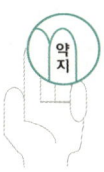

❹ 다시 감사 표현 단계

네 번째 순서는 모든 분께 다시 감사를 표현하는 단계입니다.

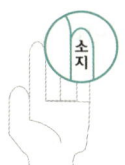

❺ 마무리 단계

다섯 번째 순서는 끝 인사를 하는 단계입니다.

---

finger tip T-CUT

선물 받기의 공식은 T-CUT입니다. T는 Thank you(우선 감사하고), C는 Credit for(‥을 ~의 공으로 돌린 다음), U는 Use로 이 상금을 어떻게 사용할 것인지 이야기하고, T는 Thank you로서 다시 한 번 감사의 말을 한 후 끝내는 것입니다.

- **시계를 선물로 받았을 때** : 시간을 소중히 생각하며 하루하루를 보람되게 살라고 하는 의미로 감사히 받겠습니다.
- **건강식품을 선물로 받았을 때** : 앞으로 건강한 몸으로 인재 양성에 더욱 매진하라는 의미로 감사히 받겠습니다.

> ▶▶▶ 실습 예문   선물 받기 스피치의 활용

엄지 ▶▶ **시작 단계**
　예시 안녕하십니까? 과분한 칭찬과 함께 귀한 상을 받은 ○○○입니다.

검지 ▶▶ **감사 표현 단계**
　예시 우선 저의 사법고시 합격을 축하해 주고자 이 자리에 모이신 할아버지, 할머니, 외할아버지, 외할머니, 삼촌, 외삼촌, 부모님 그 외 모든 친지 여러분께 감사의 말씀을 드립니다.

중지 ▶▶ **의미 해석 단계**
　예시 여러분 모두의 염려와 기대가 있었기에 오늘의 영광이 있다고 생각합니다. 여러분 한 분 한 분의 따뜻한 정성이 담긴 이 상은 어떠한 경우라도 정의의 편에 서는 훌륭한 법조인이 되라는 의미로 겸허히 받겠습니다. 앞으로 여러분의 기대에 어긋나지 않도록 더욱 열심히 노력하겠습니다.

약지 ▶▶ **다시 감사 표현 단계**
　예시 그리고 끝까지 자리를 함께해 주신 이 자리에 계신 모든 여러분께 다시 한 번 감사의 말씀을 드립니다.

소지 ▶▶ **마무리 단계**
　예시 감사합니다.

17 선물 주기 스피치

❶ 시작 단계
첫 번째 순서는 인사와 함께 자신을 소개하는 단계입니다.

❷ 동기와 감사 표현 단계
두 번째 순서는 청중에게 모임의 동기를 확인시키고, 참석해 주신 것에 대한 감사의 표현을 하는 단계입니다.

❸ 설명 단계
세 번째 순서는 왜 이 선물을 주게 되었는지 그 사연을 청중에게 설명하는 단계입니다. 선물 주기 스피치는 과거·현재·미래의 시간적 구성법을 활용하여 주인공의 공로와 업적을 설명해 주면 효과적입니다. 이때 에피소드를 곁들이면 청중들은 더 재미있고 실감 나게 느끼게 됩니다.

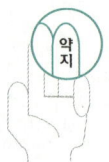
❹ 안내 단계
네 번째 순서는 선물을 전달하도록 안내하는 단계입니다.

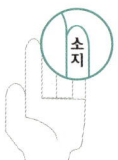
❺ 마무리 단계
다섯 번째 순서는 박수를 유도하며 마무리하는 단계입니다.

finger tip 선물 수여자와 수상자의 위치 선정

선물 수여자는 청중이 볼 때 왼쪽에, 수상자는 오른쪽에 섭니다. 그래야 선물을 준 후 소감 발표를 해야 하는 수상자를 청중 앞에 세우기가 더 편리하기 때문입니다. 다시 말해서 선물 수여자가 청중이 볼 때 수상자의 왼쪽에 있어야 선물을 준 후, 수상자와 악수를 했을 때 수여자가 마주 잡은 오른손을 자기 앞쪽으로 살짝 당겨서 수상자를 청중을 향하게 유도해 줄 수 있습니다.

▶▶▶ **실습 예문**　선물 주기 스피치의 활용

엄지 ▶ **시작 단계**

예시) 안녕하십니까? 저는 오늘의 주인공 ○○○ 군의 외삼촌, 마음이 따뜻한 남자 ○○○입니다

검지 ▶ **동기와 감사 표현 단계**

● **모임의 동기**

예시) 오늘 우리는 ○○○ 군의 사법고시 2차 시험 합격을 축하하고자 이 자리에 모였습니다.

● **청중에 대한 감사**

예시) 우선 바쁘신 중에도 자리를 빛내주려고 참석해 주신 여러분께 ○○○ 군의 외삼촌으로서 진심으로 감사의 말씀을 드립니다.

중지 ▶ **설명 단계**

예시) 우리 속담에 '될성부른 나무는 떡잎부터 알아본다.'라는 말이 있습니다. ○○○ 군은 어려서부터 뭔가 달랐습니다.

가정에서는 부모님 말씀 잘 듣는 효자로서, 학교에서는 선생님 말씀 잘 듣고 공부 잘하는 우등생으로서 잘 성장해 왔습니다.

그리고 리더십이 뛰어나 초등학교 6학년 때는 전교 어린이회장을 맡을 정도로 두각을 나타냈습니다. **(과거)**

105

자신의 꿈과 목표를 정해서 그 길을 향해 꾸준히 계획을 세우고, 실천해 온 결과 오늘 이런 뜻 깊은 행사를 하게 되었습니다. (현재)

앞으로 대한민국의 자랑스러운 법조인으로서 ○○○ 군의 멋진 활약을 기대합니다. 아무쪼록 ○○○ 군이 꿈꾸는 꿈과 목표들이 모두 실현되기를 기원합니다. (미래)

약지 ▶▶ **안내 단계**

예시 그럼, 오늘의 주인공 ○○○ 군의 사법고시 합격을 축하하는 장학금 전달식이 있겠습니다. ○○○ 군은 앞으로 나와 주시기 바랍니다. 선물 전달은 ○○○ 군의 외할아버지께서 해 주시겠습니다. (선물 수여자와 수상자가 자리를 준비하는 동안 사회자는 선물은 어떤 것이고, 그 비용은 어떻게 마련했다는 등의 이야기를 해주면 좋겠습니다.)

참고로 선물로 드린 장학금은 ○○○만 원이고, ○○○ 군의 친가 외가의 친척 분들 한 분 한 분의 사랑과 정성이 담긴 선물임을 알려 드립니다.

소지 ▶▶ **마무리 단계**

예시 여러분, 우렁찬 박수로 축하해 주시기 바랍니다.

18 성 교육 스피치
(상황) 음란 비디오를 자녀가 보고 있을 때

❶ 시작 단계
첫 번째 순서는 차분하게 자녀의 이름을 부르며 대화를 신청하는 단계입니다.

예시 길동아! 잠깐 대화 좀 나눌 수 있을까?

❷ 수용 단계
두 번째 순서는 이러한 일들은 성장 과정에서 겪을 수 있는 일임을 알려주며 마음의 문을 활짝 열고 이해와 사랑으로 수용하는 단계입니다.

예시 너는 위대한 존재란다. 너무 부끄럽게 생각하지 마라! 아빠(엄마)는 너를 충분히 이해할 수 있단다. 그리고 한편으론 네가 호기심이 있는 건강한 아이로 잘 자라고 있다는 생각에 네가 대견하다는 생각도 든단다.

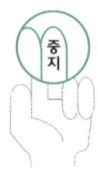

❸ 대화 유도 단계

세 번째 순서는 질문을 통해 현상을 바로 볼 수 있도록 자녀에게 대화를 유도하는 단계입니다. 이때는 자녀가 어떠한 이야기를 한다고 하더라도 중간에 끊지 말고 끝까지 잘 들어주어야 효과적인 대화로 이어질 수 있습니다.

예시 1 그 비디오를 보고 기분이 어땠니? ('이상했어요.', '충격이었어요.' 등 여러 가지 답변이 나올 수 있겠습니다.)
예시 2 앞으로 또 보고 싶다는 생각이 들까?

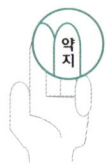

❹ 알림 단계

네 번째 순서는 비디오에서 본 내용과 현실과는 차이가 있음을 자녀에게 알려주는 단계입니다.

예시 길동아, 네가 본 비디오는 실제 사실을 다룬 것이 아니란다. 나쁜 어른들이 돈을 벌려고 꾸며 놓은 것이란다.

❺ 마무리 단계

다섯 번째 순서는 자녀에게 해결책을 제시해 주며 사랑으로 감싸 안는 단계입니다.

예시 길동아, 네가 궁금한 것들에 대해 쉽고 재미있게 답해 놓은 책이 여기 있어. 한번 읽어 보고 나중에 함께 얘기 나눠 보면 좋을 것 같다. 언제나 네 곁에는 우리가 있을 거야. 무슨 일이 벌어져도 엄마(아빠)는 네 편이란다. ○○아(야), 사랑한다.

19 세배 스피치

❶ 시작 단계

첫 번째 순서는 세배 분위기를 만드는 단계입니다. 윗사람에게 '절 받으세요.'라고 말하는 것은 결례됩니다. 왜냐하면 재촉하는 모양이 되기 때문입니다. 이때는 절 받을 준비가 될 때까지 기다리든가, 조용히 방석을 갖다 놓아 세배 분위기를 만들어야 합니다.

❷ 공손한 태도 표현 단계

두 번째 순서는 공손한 태도를 보이는 단계입니다. 두 손을 모아 앞으로 잡고 공손한 자세를 취합니다. 이때 남자는 왼손이 위로 향하고, 여자는 오른손이 위로 향하게 됩니다. 그러나 궂은 일이 난 때에는 남녀 모두 손의 위치가 반대로 바뀝니다.

❸ 세배 실행 단계

세 번째 순서는 아무런 말없이 세배를 실행하는 단계입니다. '새해 복 많이 받으세요.'라고 얘기하는 것은 잘못된 것입니다. 왜냐하면 덕담은 윗사람이 아랫사람에게 먼저 건네는 것이 순서이기 때문입니다. 세배는 절하는 자체가 인사이므로 아무 말이 필요 없습니다. 무릎을 꿇고 세배할 때 오른쪽 발이 왼쪽 발 위로 오게 합니다.

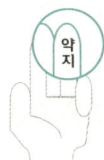

❹ 덕담 듣기 단계

네 번째 순서는 어른의 덕담을 듣는 단계입니다. 윗사람이 덕담을 건네면 화답하는 인사 말씀을 드립니다.

❺ 마무리 단계

다섯 번째 순서는 마무리 인사를 올리는 단계입니다. 세배 스피치의 마무리는 '새해 복 많이 받으십시오.'로 합니다. (어른의 덕담이 계속 이어 나오지 않고 끝나게 되면 '새해 복 많이 받으십시오.'라고 말씀드리면서 마무리합니다.)

Finger tip 건강에 관한 인사말

흔히 건강에 관한 인사말을 많이 하는데 이 경우 상대방의 기분을 상하지 않도록 조심하여야 합니다.

본의 아니게 어른으로 하여금 '내가 벌써 그렇게 늙었나?' 하는 느낌이 들게 할 수도 있기 때문입니다. 그래서 될 수 있으면 '만수무강하십시오.'나 '오래오래 사세요.'와 같은 인사말은 하지 않는 것이 좋겠습니다.

(http://cafe.daum.net/helloty 참고)

부하를 감동시킨 다나카의 1분 연설

초등학교 출신인 다나카 전 총리가 만 44세의 나이에 일약 일본 대장성 장관, 우리로 치면 재정경제부 장관이 됐습니다. 그때 엘리트 관료 집단의 본산인 대장성에서는 노골적인 불만을 표출했습니다. 그러나 그는 다음과 같은 짧은 취임사로 우려와 불만을 일거에 없앴습니다.

"여러분은 천하가 알아주는 수재들이고, 나는 초등학교밖에 나오지 못한 사람입니다. 더구나 대장성의 일에 대해서는 깜깜합니다. 따라서 대장성의 일은 여러분이 하십시오. 저는 책임만 지겠습니다."

20 소개 스피치

(상황) 교수님께 친구를 소개하기

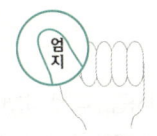

❶ 시작 단계
첫 번째 순서는 소개의 우선순위 즉 누구부터 소개하여야 하는지를 정하는 단계입니다.

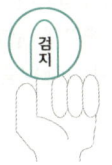

❷ 호명 단계
두 번째 순서는 우선 소개받을 사람을 호명하는 단계입니다.

 ○○○ 교수님!

❸ 소개 단계 1
세 번째 순서는 윗사람에게 아랫사람인 친구를 소개하는 단계입니다.

예시 "제 친구 ○○○(을)를 소개합니다. 스피치에 관심이 많은 사람입니다."

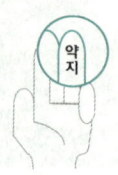

❹ 소개 단계 2

네 번째 순서는 아랫사람에게 윗사람을 소개하는 단계입니다.

예시 "이분은 우리나라에서 둘째 가라면 서러워하실 스피치 전문가 ○○○교수님."

❺ 마무리 단계

다섯 번째 순서는 보통 아랫사람이 윗사람에게 인사를 하도록 유도하는 단계입니다.

예시 "○○○ 교수님께 인사드려."

우선순위 : 주인공은 늦게 소개하듯이 아랫사람부터 소개합니다.
1) 남성을 먼저 소개하고 여성을 나중에 소개합니다. 다만 남성이 성직자나 고관이라면 남성을 나중에 소개합니다.
2) 손아랫사람을 먼저 소개하고 손윗사람을 나중에 소개합니다.
3) 덜 중요한 사람을 먼저 소개하고, 더 중요한 사람 나중에 소개합니다.

---

finger tip 소개할 때와 받을 때

소개할 때는 '○○○입니다.' 혹은 '○○○ 씨를 소개합니다.' 이때 소개할 사람의 인상을 간결하게 알려주는 것이 좋습니다.
소개를 받은 후 '처음 뵙겠습니다. 잘 부탁합니다.'라고 이야기합니다.

21 송년회 스피치

❶ 시작 단계
첫 번째 순서는 인사와 자기소개를 하는 단계입니다.

❷ 감사 단계
두 번째 순서는 한 해 동안 이끌어 주고 도움을 주신 분들께 감사하는 단계입니다.

❸ 내용 전개 단계
세 번째 순서는 스피치를 전개해 나가는 단계입니다. 송년회 스피치는 과거·현재·미래의 시간적 구성법을 활용하여 내용을 전개해 나가면 효과적입니다.

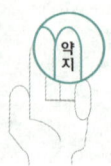
❹ 덕담 단계
네 번째 순서는 종료 안내와 함께 덕담을 하는 단계입니다.

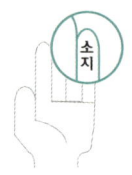
❺ 마무리 단계
다섯 번째 순서는 끝 인사로 마무리하는 단계입니다.

> finger tip 화술(話術)의 '화(話)'자
>
> '말씀 화' 자로 말씀 언(言)과 일천 천(千), 입 구(口)가 합쳐진 글자입니다.
> 할 말(言)을 천(千) 번 이상 연습해서 입(口)에 배도록 하면 말을 잘할 수밖에 없을 것입니다. 송년회 스피치 등 이 책에 나오는 각종 스피치도 핑거 스피치의 기법을 익혀 꾸준히 연습을 하면 분명히 잘해낼 수 있겠지요.

▶▶▶ 실습 예문 1   **송년회 스피치의 활용**

엄지》 시작 단계
　예시 여러분 반갑습니다. ○○○입니다.

검지》 감사 단계
　예시 먼저 올 한 해 동안 아낌없이 도와주고 격려해 주신 여러분께 깊은 감사의 말씀을 드립니다.

중지》 내용 전개 단계
　과거 돌이켜보면 올해도 정말 다사다난했습니다. 보람찬 일도 많았고 아쉬운 점도 많았습니다.
　현재 안 좋았던 기억들은 모두 잊어버리고, 행복했던 기억들은 추억의 일기장에 고이 간직하면서,
　미래 새해에는 모두 더 건강하고 희망찬 모습으로 발전해 나가길 소망합니다.

약지》 덕담 단계
　예시 끝으로 여러분의 가정에 건강과 행운이 가득하시길 기원합니다.

소지》 마무리 단계
　예시 감사합니다.

▶▶▶ 실습 예문 2 송년회 스피치의 활용

❶

안녕하십니까? ○○○입니다.

시작과 끝은 연결되어 있다고 합니다. 오늘의 송년 모임이 우리 모두에게 밝아오는 새해의 멋진 출발을 가져올 것을 믿어 의심치 않습니다.

아무쪼록 얼마 남지 않은 2008년 잘 마무리하시고, 다가오는 2009년 새해에는 가운이 융성할 수 있는 한 해가 되길 바라면서, 저의 송년사를 마칩니다. 감사합니다.

❷

오늘은 즐거운 송년회 날입니다. 지나온 날들을 점검하고 잘한 일에 대해서는 모두가 축하해 주고, 잘못한 일에 대해서는 다시 수정하고 보완하여 멋진 미래를 기약해 보는 뜻 깊고 의미 있는 날입니다. 아무쪼록 며칠 남지 않은 2008년 알차게 마무리하시고 2009년 새해에는 만사형통하시고 웃음과 행복이 가득 넘쳐나길 기원합니다. 감사합니다.

❸

성경 말씀에 '범사에 감사하라.'라는 말이 있듯이 제게는 이 세상 모두가 고맙고 감사합니다. 2008년 한 해를 마무리하는 시점에 회원 여러분과 한자리에 모여 송년의 아쉬움을 달래고, 이렇게 끈끈한 정을 나눌 수 있음에 또한 깊은 감사를 드립니다. 새해에는 우리 모두에게 더 큰 성장과 발전, 행복이 함께하는 감사의 한 해가 되었으면 합니다. 감사합니다.

❹
2008년이 저물어 가고 있지만, 2009년 새해가 다가오고 있습니다.

새해는 글자 그대로 희망과 설렘으로 가득한 새로운 출발의 해입니다. 새 술은 새 부대에 담으라는 성경 말씀도 있듯이 이제 묵은 것은 다 버리고, 새로운 희망과 설렘으로 다가오는 새해를 가득 채워야겠습니다.

모든 창조물은 우리의 생각으로 시작되듯이 2009년에는 우리 모두에게 분명히 좋은 일이 가득하리라는 것을 믿어 의심치 않습니다.

아무쪼록 2009년 새해에는 우리 모두에게 축복과 행운이 늘 함께 하기를 기원하면서 저의 송년 인사를 마칩니다. 감사합니다.

22 수업 스피치

❶ 시작 단계

첫 번째 순서는 인사와 자기소개를 하는 단계입니다.

예시 안녕하십니까? 스피치 전문 강사 ○○○입니다.

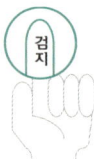

❷ 서론 단계

두 번째 순서는 서론 단계로 호감 사기 혹은 관심 끌기를 해서 청중의 마음의 문을 열고, 복습과 함께 그날의 수업 내용을 안내(이해 돕기)하는 단계입니다.

예시 여러분, 늦은 저녁 시간임에도 자신의 자아개발을 위해 애쓰시는 여러분이 존경스럽습니다. 저 또한 배움의 장소인 이곳 ○○대학교 ○○교육원에서 여러분과 함께 스피치에 집중하고 몰두할 수 있다는 사실이 매우 기쁘고 행복합니다.

우리가 지난 시간은 서론에 대해서 함께 살펴보았습니다. 오늘 이 시간에는 여러분과 본론에 대해서 함께 생각해 보겠습니다.

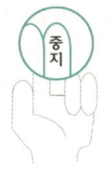

❸ 본론 단계
세 번째 순서는 본론 단계로서 수업할 내용을 전개해 나가는 단계입니다.

예시) 본론은 논리적, 구체적, 간결하게 전개해 나가야 합니다. 먼저 본론은 논리적이어야 한다는 내용에 대해 자세히 살펴보겠습니다.

지금까지 우리는 본론은 세 가지 면에서 논리적이어야 한다는 내용을 살펴보았습니다. 요약하자면, 본론은 내용 전개면·형식면·배열면 이러한 세 가지 측면에서 논리적이어야 합니다. 다음은 본론은 구체적이어야 한다는 내용에 대해 알아보겠습니다.…

지금까지 본론은 간결해야 한다는 내용에 대해 살펴보았습니다.

❹ 결론 단계
네 번째 순서는 결론 단계로서 종료 신호와 함께 정리와 과제 부과, 다음 시간 수업 내용을 안내하는 단계입니다.

> 예시) 이제 어느덧 마쳐야 할 시간이 되었습니다. 오늘은 여러분과 함께 본론에 대해서 알아보았습니다. 오늘 배운 내용을 다시 반복하자면 본론은 첫째, 논리적이어야 하고, 둘째는 구체적이어야 하며, 셋째는 간결해야 한다는 것입니다.
> 다음 시간에는 짧고 강하고 여운이 남게 끝내야 하는 '결론'에 대해서 살펴보겠습니다.

> ❺ 마무리 단계
> 다섯 번째 순서는 끝 인사로 마무리하는 단계입니다.

예시) 수고 많으셨습니다. 감사합니다.

finger tip 강의 원고

> 　실제 수업 스피치에서 활용할 원고는 손에 쥐기에 적당한 인덱스(index)카드에 핵심 내용 위주로 간단하게 작성하는 것이 좋습니다. 왜냐하면 우선 A4 용지 등에 내용을 적어 놓게 되면 용지가 흐느적거려 원고를 들고 강의하기가 어렵고, 또한 너무 많은 내용을 적어 놓게 되면 원하는 내용을 찾다가 말할 중요 내용을 놓칠 수 있기 때문입니다. 그리고 카드가 여러 장일 때는 순서가 바뀌지 않도록 인덱스카드에 번호를 매겨두는 것이 좋습니다.

▶▶▶ 실습 예문   수업 스피치의 활용

(상황) 웃음 치료 전문 강사들을 위한 첫 번째 수업 시간

엄지 ≫ **시작 단계**

예시) 안녕하십니까? 항상 웃음과 함께 사는 남자(여자) 웃음치료 전문 강사 ○○○입니다. *(허리 숙여 인사)*

검지 ≫ **서론 단계**

예시) 여러분! 웃음이 우리 몸에 좋다는 거 다~ 알고 계시죠?(네~)
그래서 그런지 여러분 모두 표정이 참~ 밝아 보이십니다. 인정도 가~득 넘쳐 보이시고요.

이 세상에 소중한 금이 세 가지가 있다고 하죠.
첫째는 황금이요, 둘째는 소금, 마지막 셋째가 바로 지금이라고 합니다. 바로 지금 이 순간 훌륭하신 여러분과 함께 웃음에 집중하고 몰두할 수 있다는 사실이 매우 기쁘고 행복합니다.

오늘 제게 주어진 시간이 약 두 시간입니다.
아무쪼록 여러분과 함께하는 이 시간이 우리 모두에게 값진 시간, 유익한 시간, 미래를 여는 투자의 시간이 되길 바라면서 오늘 수업 시작해 보도록 하겠습니다.

여러분께서도 좀 더 열린 마음으로 좀 더 적극적인 태도로 임해 주시면 더욱 감사하겠습니다.

오늘은 여러분과 함께 '웃음의 효과'에 대해 살펴보도록 하겠습니다.

중지 ▶ 본론 단계

> **예시** 많이 웃으면
> 첫째, 소화력이 왕성해져서 식욕이 좋아집니다.
> 둘째, 불면증이 해소되어 숙면을 취할 수 있습니다.
> 셋째, 운동한 효과를 내므로 몸이 건강해집니다.

약지 ▶ 결론 단계

> **예시** 오늘은 여러분과 함께 웃음의 효과에 대해 살펴보았습니다.
> 이제 아쉽게도 마쳐야 할 시간이 되었습니다.
> 공자님 말씀에 '아는 것은 행하는 것만 못하고, 행하는 것은 즐기는 것만 못하다.'라는 말이 있습니다.
>
> 오늘 배우신 내용을 실생활에 잘~ 활용하셔서 여러분께 많은 유익함이 있었으면 좋겠습니다.
> 여러분, 다음에 또 만나 뵐 것을 기대하면서

소지 ▶ 마무리 단계

> **예시** 지금까지 웃음치료 전문 강사 ○○○이었습니다.
> 감사합니다. (허리 숙여 인사)

23 시를 활용한 스피치

❶ 시작 단계
첫 번째 순서는 '안녕하십니까?' 또는 '반갑습니다.'
로 시작하는 단계입니다.

❷ 축하 또는 감사 단계
두 번째 순서는 분위기와 상황에 따른 축하 또는 감사
인사를 하는 단계입니다.

❸ 시에 대한 소개 단계
세 번째 순서는 시에 대해 소개하는 단계입니다.

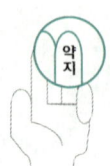

❹ 시 낭송 단계
네 번째 순서는 '준비된 시'를 낭송하는 단계입니다.

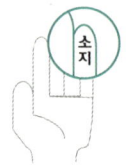

❺ 마무리 단계
다섯 번째 순서는 '감사합니다.'로 마무리 인사를 하는 단계입니다.

(도움말 김철회)

finger tip 시를 활용한 스피치

트라이어드 기법 스피치와 마찬가지로 갑자기 한 말씀 해 달라고 하는 요청을 받았을 때 활용합니다.

공자님 말씀대로 말은 필요한 말을 필요한 때에 필요한 만큼만 해야 잘했다는 소리를 비로소 들을 수 있습니다.

하지만 상황에 맞는 말을 한다는 것이 말처럼 그렇게 쉬운 이야기가 아닙니다. 따라서 많은 의미를 함축하고 있는 시를 이러한 상황에서 활용한다면 매우 효과적입니다.

▶▶▶ 실습 예문 1 — 결혼식 피로연의 자리에서 갑자기 축사를 부탁받았을 때에 시를 활용한 스피치

엄지 ≫ 시작 단계
예시) 안녕하십니까? ○○○입니다.

검지 ≫ 축하 또는 감사 단계
예시) 오늘의 주인공 신랑 ○○○군과 신부 ○○○양의 결혼을 진심으로 축하합니다. 그리고 두 분의 아름다운 사랑이 영원히 이어지길 바랍니다.

지금의 제 마음을 잘 대변해 주는 좋은 시가 있습니다. 그 시를 여러분께 낭송해 드리는 것으로써 저의 축사를 마치고자 합니다.

중지 ≫ 시에 대한 소개 단계
예시) 제가 여러분께 낭송해 드릴 시의 제목은 '오직 드릴 것은 사랑뿐이리'입니다. 이 시는 여러분이 잘 아시는 미국을 대표하는 시인이자 배우인 '마야 앙겔루'의 시입니다. 그는 우리에게 영화 '뿌리'의 주인공 쿤타 킨테의 할머니로 더 많이 알려진 시인이기도 합니다.

1993년 1월 2일 미국 클린턴 대통령의 취임식장에서 그의 자작시 '아침의 맥박'을 낭송함으로써 우리에게 더욱 유명해진 시인입니다. 그는 또한 '새장의 새가 왜 우는지 나는 알지요.'의 작가이기도 합니다. 그럼 그의 시 '오직 드릴 것은 사랑뿐이리'를 낭송해 보겠습니다.

127

약지 시 낭송 단계

오직 드릴 것은 사랑뿐이리

마야 앙겔루

꽃은 피어도 소리가 없고
새는 울어도 눈물이 없고
사랑은 불타도 연기가 없더라.

장미가 좋아서 꺾었더니 가시가 있고
친구가 좋아서 사귀었더니 이별이 있고
세상이 좋아서 태어났더니 죽음이 있더라.

나! 시인이라면 그대에게 한 편의 시를 드리겠지만
나! 목동이라면 그대에게 한 잔의 우유를 드리겠지만
나! 가진 것 없는 가난한 자이기에
오직 드릴 것은 사랑뿐이리.

소지 마무리 단계 ('감사합니다.'만으로 표현하고, 다른 말은 생략할 수 있습니다.)

예시 여러분!
시련과 아픔이 우리에게 밀물처럼 밀려오고 절망이 폭풍으로 닥칠 때 우리는 그것을 사랑의 힘으로 이겨내야 합니다.

신랑 ○○○군과 신부 ○○○양의 결혼을 다시 한 번 진심으로 축하합니다. 그리고 두 분의 사랑이 영원히 지속하길 기원하면서 이것으로 저의 축사를 마칩니다. 감사합니다.

▶▶▶ 실습 예문 2   회갑, 칠순, 팔순, 미수연 등의 자리에서
갑자기 축사를 부탁받았을 때에 시를 활용한 스피치

엄지 **시작 단계**

예시) 안녕하십니까? ○○○입니다.

검지 **축하 또는 감사 단계**

예시) 오늘의 주인공 ○○○ 선생님의 80번째 맞이하신 생신을 진심으로 축하합니다. 이런 말이 있습니다. '돈을 잃은 것은 조금 잃은 것이요. 명예를 잃은 것은 많이 잃은 것이요. 건강을 잃은 것은 모두를 잃은 것이다.'

정말 오늘 건강한 모습으로 팔순을 맞이하신 ○○○ 선생님의 건강한 모습을 대하니 이 말이 제 마음에 더욱 소중하게 다가옵니다. 요즘 9988이란 이야기도 있듯이 여기 이 자리에 모이신 여러분 모두가 99세까지 88(팔팔)하게 청춘으로 사셨으면 좋겠습니다.

지금의 제 마음을 잘 대변해 주는 좋은 시가 있습니다. 그 시를 여러분께 낭송해 드리는 것으로써 저의 축사를 마치고자 합니다.

중지 **시에 대한 소개 단계**

예시) 제가 여러분께 낭송해 드릴 시의 제목은 '청춘'입니다. 이 시는 여러분이 잘 아시는 바와 같이 사무엘 울만의 시입니다.

그는 1840년 독일 슈투트가르트에서 출생하였는데, 1851년 미국으로 이주하여, 1900년까지 교육 사업과 사회활동에 업적을 남겼습니다.

1901년 흑인을 위해 울만 스쿨을 세우는 등 지도자로서, 정의를 신봉하고 평화를 사랑하며 학대받는 이들을 위해 헌신한 인물입니다.

맥아더 장군이 태평양 전쟁 당시 일본에 패주했을 때 맥아더 장군의 집무실에는 루스벨트 당시 대통령과 이 시가 걸려 있었다고 합니다. 일본 장교가 이를 입수해 간 후 일본의 기업가들을 통해 점차 널리 알려지게 되었습니다. 이 시는 지금도 김대중 전 대통령을 비롯한 세계 유명 인사들이 애송하고 있는 시입니다.

그럼 그의 시 '청춘'을 낭송해 보도록 하겠습니다. (혹시 외우질 못해서 보고 읽어야 할 상황이라면 낭독을 해도 괜찮습니다.)

약지 》 시 낭송 단계

청춘

사무엘 울만

청춘이란 인생의 어떤 기간이 아니라 그 마음가짐이다.
장밋빛 뺨, 붉은 입술, 하늘거리는 자태가 아니라
강인한 의지, 풍부한 상상력, 불타는 열정
삶의 깊은 데서 솟아나는 샘물의 신선함이다.

청춘은 겁없는 용기, 안이를 뿌리치는 모험심,
때로는 스무 살 청년에서가 아니라 예순 살 노인에게서 청춘을 보듯이
나이를 먹어서 늙는 것이 아니라
이상을 잃어버릴 때 비로소 늙어간다.

세월의 흐름은 피부의 주름살을 늘리나
열정의 상실은 영혼의 주름살을 늘리고

> 고뇌, 공포, 실망은 우리를 좌절과 굴욕으로 몰고 간다.
>
> 예순이든, 열여섯이든 사람의 가슴 속에는
> 경이로움을 향한 선망,
> 어린아이와 같은 미지에 대한 끝없는 탐구심,
> 삶에서 환희를 얻고자 하는 열망이 있는 법이다.
>
> 또한 너 나 없이 우리 마음속에는 영감의 수신 탑이 있어
> 사람으로부터든, 신으로부터든
> 아름다움, 희망, 용기, 영원의 세계에서 오는 힘,
> 이 모든 것을 간직하는 한
> 언제까지나 그대는 젊음을 유지할 것이다.
>
> 그러나 영감이 끊어지고
> 마음속에 싸늘한 냉소의 눈이 내리고
> 비탄의 얼음이 덮여 올 때
> 스무 살의 한창나이에도 늙어버리나니
>
> 영감의 안테나를 더 높이 세우고 희망의 전파를 끊임없이 잡는 한
> 여든의 노인도 영원한 청춘의 소유자일 것이다

소지 ▶▶ **마무리 단계**('감사합니다.'만으로 표현하고, 다른 말은 생략할 수 있습니다.)

예시 여러분! 어떻게 들으셨습니까?
우리 모두 건강하게 행복한 삶을 살아야겠습니다.

오늘의 주인공 ○○○ 선생님의 생신을 다시 한 번 진심으로 축하하고 만수무강하시길 기원하면서 이것으로 여러분께 드리는 축하의 말씀을 마칩니다. 감사합니다.

▶▶▶ 실습 예문 3 동창 모임에서 갑자기 한마디 하라는 상황에서의 시를 활용한 스피치

엄지 ≫ 시작 단계

예시 안녕하십니까? ○○○입니다.

검지 ≫ 축하 또는 감사 단계

예시 우선 오늘의 동창 모임을 주선하고자 애를 많이 써 주신 ○○○ 회장님을 비롯한 ○○○ 총무님 그리고 바쁘신 중에 자리를 함께 해주신 동창 여러분께도 심심한 감사의 말씀을 드립니다.

참으로 가까운 얼굴들을 대하면서 공식적으로 무슨 말을 이렇게 계속한다는 것은 정말 어색합니다. 그런 면에서 볼 때는 우습기도 하고, 동창회만큼 서먹서먹하고 거북스러운 파티도 없을 것입니다.

그러나 기분은 만점, 대단히 유쾌한 모임입니다.
사장도 박사도 장관도 여기선 통하지 않습니다. 동창회에서는 차별이란 것이 있을 수 없습니다. 왜냐하면 우리는 함께 있는 것만으로도 그냥 좋은 친구들이기 때문입니다.

지금의 제 마음을 잘 대변해 주는 좋은 시가 한 수 있습니다. 그 시를 여러분께 낭송해 드리는 것으로써 제 말씀을 마치고자 합니다.

중지 ▶ **시에 대한 소개 단계**

예시 제가 여러분께 낭송해 드릴 시의 제목은 용혜원 님의 '함께 있으면 좋은 사람'입니다. 그럼 그의 시 '함께 있으면 좋은 사람'을 낭송해 보겠습니다.

약지 ▶ **시 낭송 단계**

함께 있으면 좋은 사람

용혜원

그대를 만나던 날
느낌이 참 좋았습니다.

착한 눈빛, 해맑은 웃음
한마디, 한마디의 말에도
따뜻한 배려가 담겨 있어
잠시 동안 함께 있었는데
오래 사귄 친구처럼
마음이 편안했습니다.

내가 하는 말들을
웃는 얼굴로 잘 들어주고
어떤 격식이나 체면 차림 없이
있는 그대로 보여주는
솔직하고 담백함이
참으로 좋았습니다.

그대가 내 마음을 읽어주는 것 같아
둥지를 잃은 새가

새 보금자리를 찾은 것만 같았습니다.
짧은 만남이지만
기쁘고 즐거웠습니다.

오랜만에 마음을 함께
나누고 싶은 사람을 만났습니다.

사랑하는 사람에게
장미꽃 한 다발을 받은 것보다
더 행복했습니다.

그대는 함께 있으면 있을수록
더 좋은 사람입니다.

> **소지** ▶ **마무리 단계**('감사합니다.'만으로 표현하고, 다른 말은 생략할 수 있습니다.)

> **예시** 여러분! 어떻게 들으셨습니까?
> 우리는 모두 함께 있으면 있을수록 더 좋은 친구들입니다. 오늘의 동창 모임을 계기로 우리는 진정으로 하나가 되어야겠습니다.
>
> 오늘의 동창 모임을 매우 기쁘게 생각하며 끝나는 시간까지 모두 즐겁게 지내시기 바라면서 이것으로 여러분께 드리는 저의 말씀을 마칩니다. 감사합니다.

▶▶▶ **실습 예문 4** 부부 동반 모임에서 갑자기 한마디 하라는 부탁받았을 때에 시를 활용한 스피치

엄지 〉〉 **시작 단계**

예시 안녕하십니까? ○○○입니다.

검지 〉〉 **축하 또는 감사 단계**

예시 우선 오늘의 부부 동반 모임을 주선하고자 애를 많이 써 주신 ○○○ 회장님을 비롯한 ○○○ 총무님 그리고 바쁘신 중에 자리를 함께 해주신 회원 여러분께도 심심한 감사의 말씀을 드립니다.

오늘은 특별히 부부 동반 모임이 있는 날입니다. 회원님들이 맡은바 자신의 일을 성실히 해주셔서 사업에 성공하시고 또한 우리 모임을 위해 정열적으로 활동해 주신 점 등을 이 자리를 빌려 깊은 감사의 말씀을 드립니다.

여러분! 이 자리에는 우리가 감사해야 할 분들이 많이 와 계시죠? 그렇습니다. 우리가 이렇게 모임을 위해 열심히 활동할 수 있도록 뒷받침을 묵묵히 잘 해주신 부인들께 뜨거운 감사의 박수를 보내주시기 바랍니다.

여러분! 잉꼬부부라는 말이 있지요? 우리 모두 다정한 잉꼬처럼 한평생 서로 이해하고 사랑하며 살아야겠습니다. 왜냐하면 우리 인생이 어떻게 보면 긴듯하지만, 또 어찌 보면 대단히 짧은 인생이기 때문입니다.

지금의 제 마음을 잘 대변해 주는 좋은 시가 있습니다. 그 시를 여러분께 낭송해 드리는 것으로써 제 말씀을 마치고자 합니다.

중지 시에 대한 소개 단계

예시 제가 여러분께 낭송해 드릴 시의 제목은 '긴 세월 짧은 인생'입니다. 가수 최백호 씨가 시의 내용이 좋아서 노래로 만들어서 부른 시입니다.

그러나 안타깝게도 작가가 미상입니다. 그럼 멋진 시 '긴 세월 짧은 인생'을 낭송해 보도록 하겠습니다.

약지 시 낭송 단계

긴 세월 짧은 인생

작자 미상

나 떠나고 당신 남으면
험한 이 세상 어찌 살아갈래
나 남고 당신 떠나면
나 혼자 어찌 살아갈까

손 꼭 잡고 도란도란 같이 가는 길
살며 사랑하며 용서하며 살자꾸나

돌아보면 긴 세월 짧은 인생이거늘
남은 세월 헤어보니

사랑만 하기에도
부족한 것 같은데

소지 마무리 단계('감사합니다.'만으로 표현하고, 다른 말은 생략할 수 있습니다.)

예시 여러분! 어떻게 들으셨습니까?
시의 제목처럼 우리가 사는 인생은 긴 세월 짧은 인생입니다.
우리 모두 손 꼭 잡고 서로 사랑하며 행복하게 살아야겠습니다.
감사합니다.

▶▶▶ 실습 예문 5 　졸업이나 입학을 축하하는 모임에서 갑자기 축사를 부탁받았을 때의 시를 활용한 스피치

엄지 ≫ 시작 단계
예시 안녕하십니까? ○○○입니다.

검지 ≫ 축하 또는 감사 단계
예시 오늘 졸업을 한 여러분께 우선 진심으로 축하의 말씀을 드립니다. 졸업에는 또 다른 시작의 의미가 있다고 합니다.

여러분!
삶은 길다고 하지만 언제나 짧은 것입니다. 새로이 무엇인가 하기에는 너무 짧지요. 따라서 우리가 무엇인가 하려고 마음을 먹었다면 지금 바로 시작해야 합니다. 왜냐하면 인생은 정말 짧기 때문입니다.

지금의 제 마음을 잘 대변해 주는 좋은 시가 있습니다. 그 시를 여러분께 낭송해 드리는 것으로써 저의 축사를 마치고자 합니다.

중지 ≫ 시에 대한 소개 단계
예시 제가 여러분께 낭송해 드릴 시의 제목은 '우리 선조들의 짧은 인생'입니다. 이 시는 1996년 여성으로서는 최초로 노벨문학상을 받은 폴란드의 여류 시인 '비슬라바 쉼보르스카'의 대표적인 시입니다.

그럼, 그의 시 '우리 선조들의 짧은 인생'을 낭송해 보도록 하겠습니다.

137

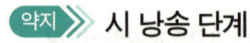 시 낭송 단계

우리 선조들의 짧은 인생
비슬라바 쉼보르스카

사는 동안
무엇인가 해보려고 한다면
서둘러야 했다.
해가 지기 전에
첫눈이 내리기 전에

…(중략)…

아버지의 눈 아래에서 아들이 자란다.
할아버지의 눈동자에서
손자가 태어난다.
그런데 그들은
나이를 세지 않았다.

…(중략)…

악이 승리할 때 선은 숨는다.
선이 나타날 때는 악은 숨어서 기다린다.
어느 것도 다른 것을 억압할 수는 없다.
영원히 돌아올 수 없는 먼 곳으로 서로 밀어낼 수 없다.
그러기에 기쁨이 있더라도
이면에는 불안이 있고
절망 속에서도
항상 조용한 희망은 있는 것이다.
삶은 길다고 하지만
언제나 짧은 것이다.
새로이 무엇인가 하기에는 너무 짧다.

소지 ▶▶ **마무리 단계**('감사합니다.'만으로 표현하고, 다른 말은 생략할 수 있습니다.)

예시 여러분! 어떻게 들으셨습니까?
여러분! 무엇인가 하려고 한다면 지금 바로 시작하십시오.
감사합니다.

● **모임의 마무리에서 활용하면 좋은 시 : 정채봉 님의 시 '만남' 활용**

만남에는 다음과 같은 네 가지 종류의 만남이 있다고 합니다.

첫째는 **지우개**와 같은 만남입니다.
만나고 나서 돌아서자마자 곧바로 잊혀버리는 만남이지요.

두 번째는 **꽃봉오리**와 같은 만남입니다.
만날 때는 꽃처럼 화사하고 즐겁지만 헤어지고 나서는 지고 난 꽃잎처럼 지저분해져 버리는 만남입니다.

셋째는 **건전지**와 같은 만남입니다.
재충전이 있어야 만남이 지속되고 돈독해지는 왠지 씁쓸해지는 만남이지요.

마지막 **네 번째는 손수건**과 같은 만남입니다.
힘이 들 때는 땀을 닦아 주고 슬플 때는 눈물을 닦아 주는 가장 아름다운 만남입니다.

우리 모두 서로 땀과 눈물을 닦아 주는 손수건처럼 소중한 만남이길 기원하면서 오늘 모임(행사, 수업 등)을 모두 마칩니다. 감사합니다.

24 신년회 스피치

❶ 시작 단계
첫 번째 순서는 '안녕하십니까?' 또는 '반갑습니다.'로 시작하는 단계입니다.

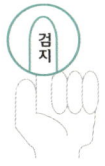

❷ 메시지 전달 단계
두 번째 순서는 열정, 활력, 희망에 찬 긍정적인 신년 메시지를 전달하는 단계입니다.

❸ 덕담 전달 단계
세 번째 순서는 신년에 전하고자 하는 준비된 신년회 멘트인 덕담을 전달하는 단계입니다.

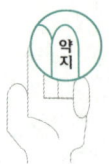

❹ 강조 단계

네 번째 순서는 신년 메시지를 요약해서 다시 강조하는 단계입니다.

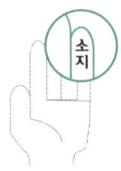

❺ 마무리 단계

다섯 번째 순서는 '감사합니다.'로 마무리 인사를 하는 단계입니다.

▶▶▶ **실습 예문 1**　**신년회 스피치의 활용**

엄지 ▶ **시작 단계**
　예시　여러분, 반갑습니다. ○○○입니다.

검지 ▶ **메시지 전달 단계**
　예시　희망찬 새해가 밝았습니다. 새해에는 누구나 마음도 새롭고 기분도 새롭습니다. 떠오르는 태양처럼 의욕과 열정이 꿈틀거려집니다.

중지 ▶ **덕담 전달 단계**
　예시　여러분은 어떤 새해 계획들을 세우셨는지요?
덕담 1 올 한 해는 세상 곳곳에 평화와 행복이 가득하고,
덕담 2 세상 사람들이 사랑으로 하나 되는, 뜻 깊은 한 해가 되었으면 좋겠다는 소망을 해 봅니다.
덕담 3 그리고 우리도 서로 아껴주고 위해주고 도와주면서 함께 해서 더욱 행복한 한 해가 되길 바랍시다.

약지 ▶ **강조 단계**
　예시　올 한 해 여러분 모두 건강하시고, 좋은 일들만 가득하시길 기원합니다.

소지 ▶ **마무리 단계**
　예시　감사합니다.

| 실습 예문 2 | 신년회 스피치의 활용 |

엄지 ▶ **시작 단계**

예시 › 안녕하십니까? ○○○입니다.

검지 ▶ **메시지 전달 단계**

예시 › 지난해는 스피치와 스피치를 사랑하시는 여러분 덕분에 정말 행복했습니다. 올 한 해도 스피치와 그리고 스피치를 사랑하시는 여러분과 더불어 행복하리라고 믿어 의심치 않습니다.

중지 ▶ **덕담 전달 단계**

예시 › 덕담 1 여러분! 입에서 말이 나오는 사람은 말을 잘하지 못하는 사람이고, 머리에서 말이 나오는 사람은 그래도 좀 나은 사람이며, 가슴에서 말이 나오는 사람이야말로 진정 말을 잘하는 사람이라고 합니다.
덕담 2 그렇습니다. '대문을 열면 도둑이 들어오지만, 마음의 문을 열면 행운이 들어온다.'라는 말도 있지요.
덕담 3 올 한 해도 우리 모두 입을 열기 전에 마음의 문을 활짝 열고, 말과 생각과 감정이 진정으로 통할 수 있는 이심전심의 멋진 스피치를 하였으면 좋겠습니다.

약지 ▶ **강조 단계**

예시 › 그리하여 우리가 모두 의사소통이 잘 되는 한 해, 웃음과 행복이 가득 넘쳐 나는 멋진 한 해가 되기를 기원해 봅니다.

소지 ▶ **마무리 단계**

예시 › 감사합니다.

25 야유회 스피치

❶ 시작 단계
첫 번째 순서는 '안녕하십니까?' 또는 '반갑습니다.'로 시작하는 단계입니다.

❷ 감사 단계
두 번째 순서는 감사의 인사를 하는 단계입니다.

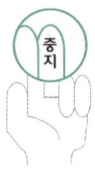

❸ 핵심 메시지 전달 단계
세 번째 순서는 즐겁게 지내라는 메시지를 전달하는 단계입니다.

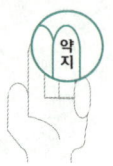

❹ 당부 멘트 전달 단계

네 번째 순서는 안전사고 유의에 대한 설명과 더불어 오늘의 야유회가 즐거운 야유회가 되기를 당부하는 멘트를 전하는 단계입니다.

❺ 마무리 단계

다섯 번째 순서는 '감사합니다.'로 마무리 인사를 하는 단계입니다.

---

finger tip 야유회 스피치의 준비

야유회 스피치를 준비할 때 대비해야 할 사항을 세 가지만 말씀드리자면,

첫째, 뜻하지 않게 원고가 비에 젖거나, 구겨지지 않도록 대비해야 합니다. 따라서 원고는 코팅해 두는 것이 좋습니다.

둘째, 연단 경험이 부족한 경우에는 손이 떨릴 수 있으니 대비해야 합니다. 따라서 원고는 손에 들지 말고 연단이나 박스 등 연단 대용물을 마련해서 올려놓고 하는 것이 좋습니다.

셋째, 갑작스런 바람에 원고가 휘날리지 않도록 대비해야 합니다. 따라서 낱장 원고가 아니라 무게감이 느껴지는 원고 케이스를 활용하는 것이 좋습니다.

▶▶▶ 실습 예문   야유회 스피치의 활용

엄지 ▶ 시작 단계

예시) 직원 여러분, 반갑습니다. (○○그룹 회장 ○○○입니다.)
회사에서 여러분을 뵙다가 이렇게 공기 좋고 물 맑은 자연 속에서 여러분의 밝은 모습을 뵈니까 모두 더 멋있고 더 늠름해 보입니다.

검지 ▶ 감사 단계

예시) 그동안 우리 회사를 위해 열심히 일해주신 직원 여러분께 회장으로서 진심으로 감사드립니다.

중지 ▶ 핵심 메시지 전달 단계

예시) 오늘은 모처럼 함께하는 야유회입니다. 그동안 업무 탓에 쌓였던 피로와 스트레스를 말끔히 씻어버리고 새로운 에너지를 충전하는 즐겁고 보람된 야유회가 되시기 바랍니다.

약지 ▶ 당부 멘트 전달 단계

예시) 하지만 하나 당부드릴 것은 안전사고에 유의하시라는 것입니다. 이렇게 좋은 날 불미스런 사고가 생겨서는 안 되겠지요. 그리고 무엇보다도 오늘이 정말 오랫동안 기억에 남는 야유회가 될 수 있도록 마음껏 즐겨 주시기 바랍니다.

소지 ▶ 마무리 단계

예시) 자, 그럼 사회자에게 마이크를 넘기고 저도 즐거운 축제의 분위기에 흠뻑 빠져 보겠습니다. 여러분, 감사합니다.

26 유머 스피치

유머는 우리의 인생에서 인간관계라는 엔진을 부드럽게 돌아가게 해주는 윤활유입니다. 그래서 각기 다른 개성을 가진 조직원들을 서로 통합하고 이끌어 나가야 하는 리더에게도 유머는 꼭 갖추어야 하는 중요한 능력입니다. 우리 모두 유머리스트가 됩시다. 유머리스트가 많아질수록 세상은 더욱 원만하고 아름다워질 것입니다.

어떤 경우는 수많은 말보다도 한 편의 시가 훨씬 더 큰 감동을 주고, 쩌렁쩌렁한 웅변보다 아름다운 한가락의 음악 선율이 훨씬 더 쉽게 마음을 열게 하고, 쉼 없이 쏟아내는 수사보다도 한 번의 유머가 분위기를 밝게 바꿀 수 있습니다. 유머 몇 가지 정도는 반드시 준비하고 연습해 둡시다.

❶ 시작 단계
첫 번째 순서는 인사와 더불어 자기소개를 하는 단계입니다.

❷ 안내 멘트 단계(생략 가능)

두 번째 순서는 유머의 성격을 제시하는 단계입니다.

예시 1 여러분! 제가 짧은 유머 하나 소개해 드릴게요.
예시 2 여러분! 제가 정말 재미있는 유머 하나 소개해 드릴게요.
예시 3 여러분! 제가 퀴즈 하나 내볼게요.

❸ 유머 제시 단계

세 번째 순서는 유머의 구조 만들기(setup line)와 급소 찌르기(punch line)의 순으로 유머를 제시하는 단계입니다.

❹ 공감 표현 단계

네 번째 순서는 함께 웃으며 공감 멘트를 전달하는 단계입니다.

❺ 마무리 단계

다섯 번째 순서는 끝 인사로 마무리하는 단계입니다.

---

finger tip   구조 만들기(setup line)와 급소 찌르기(punch line)

유머의 '구조 만들기'는 화자가 이야기나 질문형식을 통해 청자에게 어떤 결과를 예측하게 하는 부분입니다. 유머의 전반부에 해당합니다.

'급소 찌르기'는 구조 만들기에서 제시된 정보에 의해 예상외의 반전을 가함으로써 청자를 웃게 하는 부분입니다. 보통 유머의 후반부 끝 부분에 나타납니다.

▶▶▶ 실습 예문 1 　유머 스피치의 활용

엄지》 시작 단계
　(예시) 안녕하십니까? 유머를 위해 태어난 사람 OOO입니다.

검지》 안내 멘트 단계(생략 가능)
　(예시) 여러분, 제가 웃기는 얘기 하나 소개해 드릴게요.

중지》 유머 제시 단계
　(예시) 선생님이 맹구에게 산수를 가르치고 있었습니다.
　　　"맹구야, 사과 다섯 개가 있는데 세 개를 먹으면 몇 개가 남지?"
　　　맹구 왈, "그야 세 개죠. 우리 엄마가 먹는 게 남는 거라 했거든요."

약지》 공감 표현 단계
　(예시) 여러분 어때요? 재미있으셨나요?
　　　이 답답한 세상에 이런 유머가 없다면 얼마나 삭막하겠습니까?

소지》 마무리단계
　(예시) 여러분, 오늘도 유머와 함께 즐거운 하루 되시기 바랍니다.

▶▶▶ 실습 예문 2   각종 유머 스피치

❶ 곰이 다가오자 나무꾼은 죽은 척했습니다. 그러자 착한 곰은 나무꾼을 양지바른 곳에 묻어 주었습니다.

❷ 개미와 코끼리가 아프리카 여행 중 코끼리가 더위를 못 이기고 죽었습니다. 그러자 개미가 하는 말, "얘 무덤을 언제 다 파냐?"

❸ 택시 요금이 만 원이 나왔는데, 할머니가 5,000원만 주고 내립니다. 택시 기사가 할머니에게 "할머니, 요금이 만 원입니다." 그러자 할머니 왈 "너랑 같이 타고 왔잖아!"

❹ 택시 요금이 만 원이 나왔는데, 할아버지가 8,100원만 주고 내립니다. 택시 기사가 할아버지에게 "할아버지, 요금이 만 원입니다." 그러자 할아버지가 씩 웃으며 "기사 양반~! 1,900원부터 시작한 거 내가 다 알고 있어!"

❺ 잘 알고 지내는 여성의 나이를 물었습니다. 그 여자가 웃으면서 이렇게 대답했습니다. "스물일곱이에요."라고. 그래서 "당신은 10년 전에도 그렇게 말하지 않았소?" 하니까, 여성 왈 "그럼 제가 쉽사리 마음이 변하는 그런 여자라고 생각하세요?"

❻ 불이 나서 학교 전체가 화염에 휩싸였지만, 선생님들의 신속한 대응으로 다행히 학생들이 일사불란하게 밖으로 뛰쳐나왔습니다. 그런데 교실 창문에 학생 하나가 보이는 게 아니겠습니까? 선생님이 외쳤습니다. "야! 김맹구, 안 나오고 뭐 하니?" 그러자 맹구가 완장을 보이며 대

답합니다. "주변도 나가요?"

❼ 마을 사람들이 일요일 아침에 교회에 가 있는 동안 맹구는 늘 주점에 가서 술을 마시곤 했습니다. 그 행실을 괘씸하게 여긴 목사님이 어느 날 맹구를 불러서 점잖게 꾸짖었습니다.
"맹구 씨! 난 우리가 천국에서 서로 못 만나게 될까 봐 몹시 두렵다네."
그러자 맹구가 정말로 걱정스럽다는 표정으로 대꾸합니다. "목사님, 대체 무슨 짓을 저질렀기에 그러세요?"

❽ 유치원에서 선생님이 말씀하셨습니다. "자, 웃어른에게 선물을 받았어요. 그럼, 뭐라고 해야 할까요?" '다' 자로 끝나는 말인데 … "누구 맞춰 볼 어린이?" 맨 앞에 앉은 갑돌이가 "감사합니다!"입니다. "맞았어요. 또 없을까요?" 갑순이가 "고맙습니다!"입니다. "잘했어요. 또 다른 말은 없을까요?" 그러자 구석에 앉아 있던 맹구가 슬며시 손을 들고 씩 웃으며 말했습니다. "뭘 이런 걸 다!"입니다.

❾ 맹구가 처음으로 휴대전화기를 사서 상대편에게 전화를 걸었습니다. 감미로운 음악이 나오더니 이윽고, 벨 소리가 끝나고 여성의 목소리가 흘러나오자 맹구는 당황하기 시작했습니다.
"삐~ 소리가 나면 메시지를 녹음해 주십시오."
말 그대로 첫 경험인 탓에 당황이 되었지만 맹구는 침착하게 기다렸습니다. 마침내 삐 —— 하는 소리가 나자, 맹구는 입가에 회심의 미소를 띠며 말했습니다. "메, 시, 지!"

❿ "총알택시 운전사와 목사님이 같은 날 같은 시각에 죽었습니다. 그런데 운전사는 곧바로 천국으로 보내지고 목사님은 저승 문 앞에서 대기 중이었습니다. 억울한 마음이 든 목사님은 하나님께 따져 물었습니다. '하나님, 도대체 왜 성직자인 저는 아직 대기 중인데 총알택시 운전사는 바

로 천국으로 보내는 겁니까?' 그러자 하나님께서는 이렇게 대답합니다. '목사인 네가 설교할 때 성도들은 모두 졸았지만, 총알택시 기사가 차를 몰 때는 모두 기도를 드렸기 때문이니라.'

⑪ 여러분, 물뱀 아십니까? 물뱀이 연못을 지나가고 있었는데 개구리들이 모두 발가벗고 놀고 있습니다. 그런데 유독 한 마리 개구리만 팬티를 입은 겁니다. 은근히 화가 난 물뱀이 그 개구리에게 다가가서 하는 말, "야! 인마! 남들은 다 벗고 있는데 왜 너만 혼자 팬티를 입은 거야?" 그러자 그 개구리는 약간은 수줍어하면서 "저요, 저는 때밀이인데요."

⑫ 요즈음 약주는 많이 하시나요? "나 술 끊었네!"
부하가 상사에게 다시 물었습니다.
그럼, 담배도 끊으셨겠네요? "담배야 당연히 끊었지!" 그렇다면 오락게임도 안 하시나요? "오락게임도 끊어 버렸네!" 부하가 놀라는 표정으로 상사에게 다시 물었습니다. 아니! 그럼 무슨 재미로 사십니까? "나 요즘 거짓말하는 재미로 사네!"

⑬ 어느 부인이 남편을 몹시 구박했습니다. 남편이 무슨 말만 하면 당신이 무얼 안다고 그러느냐고 구박합니다. 남편은 부인 앞에서 제대로 말도 못합니다. 어느 날 병원에서 부인한테 전화가 걸려왔습니다. 남편이 교통사고를 당했으니 빨리 병원으로 오라고 합니다. 부인은 허겁지겁 병원으로 달려갔습니다.
부인이 병원에 도착해보니 이미 늦었습니다. 남편이 죽어서 하얀 천을 씌워 놓았습니다.
부인은 평소에는 그렇게도 남편을 구박했지만, 남편이 죽고 나니 그렇게 서러울 수가 없었습니다. 부인은 남편이 누워 있는 병상을 붙들고 한없이 울었습니다. 부인이 한참을 울고 있는데 남편이 천을 슬그머니 내리면서 말했습니다.
"여보, 나 아직 안 죽었어!" 부인은 울다 말고 남편에게 소리를 버럭 질렀습니다.
"당신이 뭘 알아요? 의사가 죽었다는데!"

🔴 안중근 의사
역사 수업시간에 자는 학생을 선생님이 분필을 세게 던져 잠을 깨워 학생에게 묻습니다.
선생님 : "인마! 안중근 의사는 누가 죽였어?"
학생 : "저는 안 죽였는데요."
선생님 : "어허! 이놈 봐라. 선생님한테 장난을 쳐?
　　　　　내일 학교에 부모님 모시고 와." (이튿날)
선생님 : "아버님! 집에서 아이 교육을 어떻게 하셨기에 '안중근 의사
　　　　　를 자기는 안 죽였다.'라는 쓸데없는 소리를 하는 겁니까?"
　　　　　그러자 학생의 아버지 왈,
　　　　　"우리 아들놈이 어려서부터 어미 없이 자랐고, 병원에 가기
　　　　　싫어하기는 했어도 의사를 죽일 놈은 아닙니다."
　　　　　　　　　　　　　　　　　「봉수야 그만 좀 웃겨」해사 편저 출판사

🔴 논순이는 가슴이 작아 고민이었습니다. 잡지를 보니 양팔을 떨고 다니면 커진다고 적혀 있었습니다. 오늘도 팔을 열심히 떨며 냉면을 먹던 논순이, 그만 실수를 해서 젓가락을 떨어뜨리고 말았습니다. 주우려고 고개를 숙였습니다. 그러자 건너편 테이블에 앉은 남자가 양다리를 떠는 게 보였습니다.
논순이는 어떤 생각을 했을까요?
"저 사람은 무얼 키우려고 양다리를 떨고 있을까?"

🔴 인도의 네 배가 되는 나라 이름은 무엇일까요?
정답은?
인도네시아입니다. (인도가 넷이야!)

⑰ 물은 영어로 무엇일까요? 정답은 셀프입니다.
　부산의 어느 한 식당에서 우리말 쓰기 운동의 하나로 '물은 셀프'라는 용어 대신 '물은 각자가'라고 적어 놓았습니다. 그런데 어떤 할아버지가 식당에 들어와서 그 문구를 보고 하신 말씀은 과연 무엇일까요?
　"각자야! 물 좀 갖고 온나."

⑱ 목욕탕에 들어가는 남자를 '때 낀 놈'이라고 합니다. 그렇다면, 목욕탕에서 나온 남자는 네 글자로 무엇이라고 할까요?
　힌트를 드리자면, '놈'자로 끝납니다.
　정답은 '아까 그놈'입니다.

⑲ 선생님과 유치원 원생과의 대화입니다.
　선생님 : 여러분, '나는 공주였다.'는 과거형이죠?
　유치원생 : 네.
　선생님 : 그러면 '나는 공주다.'는 뭐죠?
　유치원생 : 거짓말이요.

27 이별 스피치

❶ 시작 단계
첫 번째 순서는 상대의 이름을 부르는 단계입니다.

❷ 감정 전달 단계
두 번째 순서는 이별의 아쉬운 감정을 전달하는 단계입니다.

❸ 내용 전개 단계
세 번째 순서는 스피치를 전개해 나가는 단계입니다. 이별 스피치는 과거·현재·미래의 시간적 구성법을 활용하여 내용을 전개해 나가면 효과적입니다.

❹ 강조 단계
네 번째 순서는 이별의 아쉬움을 다시 강조하는 단계입니다.

❺ 마무리 단계
다섯 번째 순서는 건강과 발전을 기원하며 마무리하는 단계입니다.

▶▶▶ 실습 예문 | 이별 스피치의 활용

엄지 ▶ 시작 단계
- 예시: ○○○ 선생님!

검지 ▶ 감정 전달 단계
- 예시: 짧은 시간이었지만 정이 많이 들었습니다. 뜻 깊은 시간을 함께하게 돼서 정말 반갑고 여러 가지로 감사했습니다. 벌써 헤어져야 한다니 정말 아쉽습니다.

중지 ▶ 내용 전개 단계
- 예시: 세미나 중에 2인 1조 발표를 준비하면서 선생님의 재치에 정말 놀라고 즐거웠습니다. 어떻게 프레젠테이션 도중에 노래하실 생각을 하셨습니까? 지금 생각해도 웃음이 솟아납니다. 덕분에 상품까지 받아가고 너무너무 재미있었습니다. **(과거)**
그런데 이제 헤어져야 한다니 정말 아쉽습니다. **(현재)**
선생님의 지금 열정대로라면 앞으로 하시게 될 일도 분명히 크게 성공하실 겁니다. **(미래)**

약지 ▶ 강조 단계
- 예시: ○○○ 선생님! 지금처럼 매일 뵙지는 못하더라도 연락 자주 드리겠습니다. 매년 세미나만큼은 꼭 참석해 주시기 바랍니다.

소지 ▶ 마무리 단계
- 예시: 늘 건강하시고 하시는 일이 지금보다 더 잘 되시기를 응원하겠습니다. 연락 드리겠습니다.

위트 유머

　루이 11세는 불길한 예언으로 사람들을 현혹시키는 예언자들을 모조리 잡아서 처형시키라는 명령을 내렸습니다. 어느 날, 그중에서도 손꼽히는 예언자 한 사람이 체포되었다는 보고를 받은 루이 11세가 직접 그 사람을 불렀습니다.

　"네가 정말 예언자라면 네 운명도 한번 맞춰봐라. 네가 얼마나 더 살아있을 것 같으냐?"

　"예, 폐하. 정확한 날짜는 알 수 없지만 제가 폐하보다 3일 전에 죽는다는 것만은 확실합니다."

28 인사말 스피치

❶ 시작 단계
첫 번째 순서는 인사와 자기소개를 하는 단계입니다.

❷ 감정 표현과 이력 소개 단계
두 번째 순서는 감정 표현과 이력 소개를 하는 단계입니다.

❸ 각오 제시 단계
세 번째 순서는 앞으로의 각오를 말하는 단계입니다.

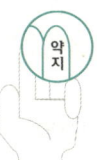
❹ 감사 표현 단계
네 번째 순서는 감사 표현을 하는 단계입니다.

❺ 마무리 단계
다섯 번째 순서는 끝 인사를 하는 단계입니다.

▶▶▶ 실습 예문   인사말 스피치의 활용

(상황) 개강을 앞둔 교사의 유치원생·초등학생 학부형 앞에서의 인사말

[엄지] ▶▶ **시작 단계**

[예시] 안녕하십니까? 방금 소개받은 ○○○입니다.

[검지] ▶▶ **감정 표현과 이력 소개 단계**

[예시] 우선 여러분의 귀한 자녀와 저희 ○○스피치 클리닉과의 만남을 매우 기쁘게 생각합니다. 그리고 저에 대한 이력은 나누어 드린 팸플릿으로 대신하겠습니다.

[중지] ▶▶ **각오 제시 단계**

[예시] 나누어 드린 팸플릿에서 보시는 바와 같이 저는 본 프로그램을 담당할 스피치 전문 강사로서 앞으로 다음과 같은 세 가지 각오로 여러분의 자녀를 지도하겠습니다.

첫째, 언행이 일치하는 선생님이 되겠습니다.
둘째, 칭찬과 격려를 아끼지 않는 선생님이 되겠습니다.
그리고 마지막 **셋째**, 사랑과 정성으로 스피치를 지도하는 선생님이 되겠습니다.

[약지] ▶▶ **감사 표현 단계**

[예시] 존경하는 학부형 여러분!
여러분의 귀한 자녀를 저희 ○○스피치 클리닉에 믿고 맡겨 주신 데 대해 진심으로 감사의 말씀을 드립니다.

소지 **마무리 단계**

예시 앞으로 여러분의 선택이 후회 없는 값진 선택이 될 수 있도록 온 정성을 쏟겠습니다.
경청해 주신 여러분, 대단히 감사합니다.

29 자기소개 스피치

우리가 대중을 상대로 스피치를 할 때 제일 많이 하게 되는 스피치가 바로 처음 만났을 때 돌아가면서 하게 되는 **자기소개 스피치**입니다.

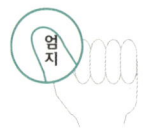

❶ 시작 단계

첫 번째 순서는 인사와 함께 자신을 소개하는 단계입니다. 이때 밋밋하게 이름만을 이야기할 수도 있으나 자신을 표현할 수 있는 적당한 수식어를 앞에 놓는 것도 자신을 알리고 기억시키는 데에는 좋은 방법이 될 수 있습니다.

예시 1 안녕하십니까? 멋진 사람(남자, 여자) ○○○입니다.
예시 2 안녕하십니까? 스피치가 즐거운 사람 ○○○입니다.
예시 3 안녕하십니까? 운이 좋은 사람 ○○○입니다.

예시 4 안녕하십니까? 행운을 기다리기보다는 행운을 개척해 나가는 사람 ○○○ 입니다.

예시 5 안녕하십니까? 상큼한 사람(남자, 여자), 괜찮은 사람, 사랑을 아는 사람의 화끈한 데이트 상대자 ○○○입니다.

● 때로는 자신의 이름을 한 음절씩 청중에게 운을 띄어 달라고 하여 멋진 삼행시를 읊어 보는 것도 효과적입니다.

예시 안녕하십니까? 저의 이름은 김현기입니다. 저의 이름자로 삼행시를 지어 보도록 하겠습니다. 여러분께서 운을 띄어 주시면 고맙겠습니다.

김 : 김삿갓의 풍류를 아는 남자
현 : 현재 이 시대가 꼭 요구하는 남자
기 : 기상나팔처럼 21세기를 힘차게 열어갈 남자 김현기입니다.

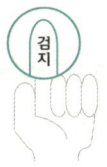

❷ 거주지 소개 단계
두 번째 순서는 자신이 거주하는 지역 명을 소개하는 단계입니다. 이때 자신이 거주하는 마을 이름과 관련된 이야기 등을 활용하면 좋은 소개 방법이 될 수도 있습니다.

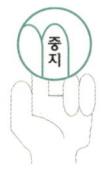

❸ 직업 소개 단계
세 번째 순서는 자신의 직업을 소개하는 단계입니다. 이때 직업 선택의 배경, 직업의 사회적 기여도 등을 설명하면 좀 더 효과적입니다.

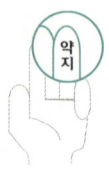
❹ 참여 동기 소개 단계

네 번째 순서는 자기소개를 하는 곳에 오게 된 동기를 이야기하는 단계입니다. 이때 모임을 소개해 준 분이나 모임에 대한 관심 정도 등을 표현합니다.

❺ 마무리 단계

다섯 번째 순서는 끝 인사로 마무리하는 단계입니다. 이때 앞으로의 계획·다짐·소망·덕담 등을 표현합니다.

(도움말 김영술)

자세한 내용은 「김현기 교수의 파워 스피치 특강」 228쪽 제5강 스피치 트레이닝 '제5장. 자신만의 템플리트 만들기'를 참고하시기 바랍니다.

▶▶▶ 실습 예문 1 자기소개 스피치의 활용(짧은 자기소개)

엄지 >> 시작 단계

안녕하십니까? 멋진 남자(여자) ○○○입니다. (허리 숙여 인사)

> finger tip **허리 숙여 인사**
>
> 고개를 숙여 인사하는 것보다 고개는 움직이지 않고 허리를 숙여 인사하는 것이 정중하고 자연스러워 보기에도 좋습니다. 청중이 손뼉을 칠 수 있는 시간을 주고 정중함을 주고자 허리를 숙인 상태에서 잠깐(약 1~2초 정도) 머물러 줍니다.

검지 >> 거주지 소개 단계

저는 ○○구 ○○동에 살고 있습니다(있고요).

중지 >> 직업 소개 단계

(그리고 저는) ○○○에 근무하고 있습니다.

약지 >> 참여 동기 소개 단계

(저는 오늘) 여러분과 좋은 인연을 맺고자 이 자리에 참석했습니다.

소지 >> 마무리 단계

우리 모두 즐겁고 뜻 깊은 시간을 가졌으면 합니다. 감사합니다.

(허리 숙여 인사)

▶▶▶ 실습 예문 2   자기소개 스피치의 활용

엄지 ≫ **시작 단계**

예시) 안녕하십니까? 김현기입니다.

검지 ≫ **거주지 소개 단계**

예시) 훌륭하고 멋지신 여러분을 만나 뵙고자 중랑구 상봉동에서 왔습니다. 제가 지금 말씀드린 이 '상봉'이라는 단어는 '서로 만난다.'라는 뜻이 있듯이 여러분과의 오늘 만남이 앞으로 소중한 인연으로 발전하여 가리라는 기대를 하고 있습니다.

finger tip

- **색으로 자신을 표현하기** : 제가 오늘 매고 나온 넥타이가 파란색 넥타이입니다. 파란색은 제가 제일 좋아하는 색입니다. 파란색은 우리에게 시원하고 진취적인 느낌을 줍니다. 그래서인지는 몰라도 처음 사람을 만나러 가는 자리이거나 귀한 분을 만나러 갈 때에는 저도 모르는 사이에 이 파란색 계통의 넥타이에 손이 가게 됨을 느낍니다.

- **직업을 소개하기 위한 도입부로 활용** : 그리고 저는 무슨 일을 하게 되면 그 일에 흠뻑 빠져서 헤어 나오지 못하는 성향을 가지고 있기도 합니다. 저는 현재 스피치 연구와 교육 활동에 한참 몰입해 있는 상태입니다.

중지 ≫ **직업 소개 단계**

예시 '걸림돌이 디딤돌이 된다.'라는 금언도 있습니다만, 말에 자신이 없던 제가 그러한 저의 걸림돌을 디딤돌로 바꾸고자 스피치 연구에 연구를 거듭하다 보니까 몇 년 전부터는 여러 기업체와 대학교 사회(평생)교육원 등에서 다른 사람의 발표를 돕는 스피치 강사(교수)의 일을 하게 되었습니다.

약지 ≫ **참여 동기 소개 단계**

예시 1 아무쪼록 여러분을 만나 뵙게 되어 대단히 기쁘게 생각합니다. 앞으로 여러분과 함께하게 될 15주 동안 여러분의 스피치 실력 향상을 위해 온 정성을 쏟겠습니다.

예시 2 여러분을 만나 뵙게 되어 정말 반갑습니다. 그리고 이렇게 좋은 모임을 소개해 준 ○○○선생님께 감사의 말씀을 드립니다.

소지 ≫ **마무리 단계**

예시 1 끝으로 15주 동안 여러분과 함께하는 모든 시간이 우리 모두에게 값진 시간 · 유익한 시간 · 행복한 시간이 되기를 바라면서 제 소개를 마칩니다. 감사합니다.

예시 2 아무쪼록 우리의 만남이 소중한 인연으로 계속 이어지길 바랍니다. 우리 모두 함께 있으면 좋은 사람이 되길 바라면서 제 소개를 마칩니다. 감사합니다.

핑계를 대지 맙시다!

어떤 사람이 스피치 공포 때문에 많은 어려움을 겪어왔습니다.
연단에만 서면 심장이 너무 두근거리고, 숨이 가빠져서 말을 제대로 할 수가 없다는 것입니다. 그러던 어느 날 꿈속에 하나님이 나타나셨습니다. 그러자 이 사람은 하나님께 불평을 늘어놓습니다.

"하나님은 왜 제 몸을 이렇게 불량으로 만드셨습니까? 스피치를 하려고 하면 가슴이 너무 떨리고, 숨도 너무나 가쁩니다. 어찌 긴장 하나도 극복 안 되게 만들어 놓으셨나요?"

그러자 하나님께서는 이렇게 대답을 하십니다.

"너의 심장이 하나이고, 폐가 두 개인 이유는 심장이 두 개일 때보다는 덜 두근거리고, 폐는 한 개일 때보다 숨이 덜 차도록 한 것이다."

"그렇다면, 왜 저는 극복이 안 됩니까?"

"그것은 네가 활용을 잘 못하기 때문이다. 심장이 두근거리는 이유는 피를 머리로 제대로 공급해서 네가 더욱 말을 잘하게 하려는 것이다. 그리고 숨이 가빠지는 것은 네가 숨도 고르지 않고 말을 쏟아내기 때문이니라."

이런저런 핑계를 대지 말고 꾸준히 연습하고 훈련하면서 실전 경험을 쌓아나간다면 우리 모두 명연사가 될 수 있을 것입니다.

30 자기주장 스피치

❶ 시작 단계
첫 번째 순서는 자기소개를 할 수도 있고, 아는 사이라면 상대의 이름을 부를 수도 있는 단계입니다.

❷ 상대의 행동 표현 단계
두 번째 순서는 상대의 행동을 구체적으로 표현해 주는 단계입니다.

❸ 받은 영향 표현 단계
세 번째 순서는 상대방의 행동이 나에게 미치는 영향을 구체적으로 표현해 주는 단계입니다.

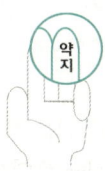
❹ 감정 표현 단계
네 번째 순서는 그 영향으로 말미암아 현재 처한 자신의 감정이나 느낌을 얘기해 주는 단계입니다.

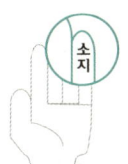
❺ 마무리 단계
다섯 번째 순서는 자신의 주장을 '나' 메시지로 당당히 하면서 마무리하는 단계입니다.

finger tip '나' 메시지

 '나' 메시지란 그 초점을 자신에게 두는 것입니다. 즉 문제가 된 상대의 행동으로 말미암아 자신이 어떠한 감정 상태에 빠져 있으며 어떠한 영향을 받고 있는지를 나타내면서 '~ 해주었으면 좋겠다.'라는 식으로 상대가 아닌 나 자신에게 초점을 두는 것입니다.

▶▶▶ 실습 예문 : 자기주장 스피치의 활용

(상황) 회사 생활을 함께하는 동료 ○○(이)가 늘 청소도 안 하면서 사무실을 지저분하게 사용합니다. 회사에서 생활해야 하는 나는 지저분한 사무실을 보면서 속이 많이 상합니다. ○○(이)가 야속하고 얄밉습니다.

엄지 ▶ 시작 단계
예시 ○○아(야)!

검지 ▶ 상대의 행동 표현 단계
예시 네가 어질러 놓은 것을 치우지 않고 늘 그냥 퇴근을 하니까,

중지 ▶ 받은 영향 표현 단계
예시 결국엔 내가 힘들게 청소해야 하고,

약지 ▶ 감정 표현 단계
예시 그래서 난 화가 나고 속상하다.

소지 ▶ 마무리 단계
예시 앞으로는 우리 서로 사무실을 깨끗하게 썼으면 좋겠다. ○○아(야)!

31 자연스러운 대화 스피치

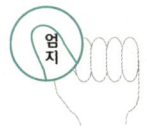

❶ 시작 단계
첫 번째 순서는 상대의 이름이나 호칭을 부드럽고도 다정하게 불러 상대를 인정해 주는 단계입니다.

예시 ○○○ 선생님!

❷ 질문 단계
두 번째 순서는 스피치의 방향을 찾고자 질문을 하는 단계입니다.

예시 ~에 관해 말씀해 주시겠습니까?

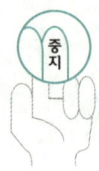

❸ 맞장구 단계

세 번째 순서는 상대가 하는 말 가운데 가장 두드러진 부분을 반복하며 혹은 질문하며, 때로는 칭찬하며 맞장구를 쳐 주는 단계입니다.

finger tip 맞장구

판소리를 할 때 옆에서 맞장구를 쳐 주는 고수가 없다면 얼마나 힘이 들까요? 효과적인 대화를 위해서 필요한 조건 중의 하나는 입으로 듣는 맞장구입니다. 우리가 상대의 이야기를 들을 때 가장 먼저 귀로 듣고, 다음은 입으로 듣고, 그다음이 마음으로 들어야 한다는 것입니다. 따라서 입으로 듣는 맞장구는 정말 필요한 것입니다.

예시 상대의 말 : 그저께 설악산에 갔다 왔습니다.

1) 고개 끄덕임
2) 표정 반복(상대의 거울이 되어준다는 심정으로 상대가 웃으면 같이 웃고 상대가 찡그리면 같이 찡그리는 것입니다.)
3) 감탄사(아~ 그랬군요!)
4) 어절 반복(설악산에요?, 그저께요?)
5) 문장 반복(그저께 설악산에 갔다 왔다고요?)
6) 가벼운 질의(언제 갔다 왔다고요?)
7) 적절한 표현 찾아 주기(적극적인 듣기에 해당합니다.)
8) 환언(다른 말로 바꾸어 주는 것입니다.)
9) 해석(말한 사람의 내용을 해석해 주는 것입니다.)

❹ 포즈(pause, 쉼) 활용 단계

네 번째 순서는 포즈(pause, 쉼)를 활용하는 단계입니다.

Finger tip 포즈(pause, 쉼)

포즈를 활용하면 대화가 끊겨 약간은 어색한 부분도 있겠지만, 상대가 대화 중 깜빡 놓친 부분을 찾을 수 있는 시간적 여유를 제공할 수 있다는 면에서 매우 유익한 방법입니다.

❺ 마무리 단계

다섯 번째 순서는 함께 나누었던 대화를 요약·정리하며 마무리하는 단계입니다.

Finger tip 니드(Need) 화법 활용

듣는 사람의 흥미 따위는 조금도 생각하지 않고 자기가 말하고 싶은 것만을 이야기하는 것을 '시드(Seed) 화법'이라 하고, 듣는 이의 흥미와 관심에 호소하며 이야기하는 것을 '니드(Need) 화법'이라 합니다. 따라서 원활한 대화, 자연스러운 대화 스피치를 위해서는 듣는 이의 관심과 흥미, 기분까지 고려하며 이야기하는 니드 화법으로 말해야 합니다.

32. 전화 스피치

(상황) 상대가 직접 전화를 받았을 때

❶ 시작 단계
첫 번째 순서는 인사와 함께 자신의 소속과 성명을 밝히는 단계입니다.

❷ 통화 가능 여부 확인 단계
두 번째 순서는 통화 가능 여부를 확인하고 상황에 따라 스몰 토크를 하는 단계입니다.

> **finger tip** 직접 받지 않았을 때
>
> "죄송하지만 ○○○ 님이 계시면 바꿔주십시오." 이때 전화를 바꾸어 주는 사람은 아무 말 하지 않고 바꾸어 주는 것이 아니라 "잠시 기다려 주세요."라고 반드시 이야기해 줍니다.

❸ 용건 표현 단계
세 번째 순서는 용건을 표현하는 단계입니다.

❹ 강조 단계
네 번째 순서는 용건을 다시 강조하는 단계입니다.

❺ 마무리 단계
다섯 번째 순서는 끝 인사를 하는 단계입니다.

> **finger tip** 끝 인사
>
> 용건이 끝나면 하나 둘 헤아린 후에 끊는 것을 기준으로 삼습니다. 왜냐하면 먼저 끊으시라고 서로 양보하면서 한참 동안 수화기를 붙드는 일이 생길 수 있기 때문입니다.
>
> 그러나 수화기를 내려놓는 것이 아니라, 수화기는 입에 댄 채로 전화기 부분의 버튼을 손가락으로 누릅니다. 휴대전화기의 경우도 휴대전화기를 귀에 댄 채로 통화를 끝냅니다. 그러면 상대방이 뒤늦게 하려는 말을 놓치지 않고 들을 수 있는 이점이 있습니다.

▶▶▶ 실습 예문 | 전화 스피치의 활용

엄지 ▷ 시작 단계

예시) 안녕하세요? ○○은행 카드 콜 센터 ○○○입니다.

검지 ▷ 통화 가능 여부 확인 단계

예시) 고객님, 지금 통화 괜찮으십니까? (네)
소중한 시간 내주셔서 감사합니다.
점심은 맛있게 드셨나요?

중지 ▷ 용건 표현 단계

예시) 다름이 아니고 이번 우수 고객 초청 파티를 안내해 드리려고 전화했습니다. 초대장은 이번 주에 우편으로 발송할 예정입니다.

약지 ▷ 강조 단계

예시) 꼭 참석해 주셔서 행복하고 즐겁게 지내시기 바랍니다.

소지 ▷ 마무리 단계

예시) 바쁘신 가운데 귀한 시간 내주셔서 감사합니다.
오늘 하루도 행복하세요.

33 주례 스피치

❶ 시작 단계
첫 번째 순서는 결혼 축하와 덕담, 하객들에게 감사, 그리고 주례를 맡은 소감 등을 피력하는 단계입니다.

❷ 주례 동기와 주례사의 방향 제시 단계
두 번째 순서는 주례 동기(주례를 부탁한 사람과의 인연 피력)와 주례 스피치의 방향에 대해 말하는 단계입니다.

❸ 도움말 전달 단계
세 번째 순서는 결혼 생활의 도움말을 전달하는 단계입니다.

❹ 칭찬과 덕담 단계
네 번째 순서는 신랑 신부의 마무리 칭찬과 덕담을 하는 단계입니다.

❺ 마무리 단계
다섯 번째 순서는 덕담과 감사로 마무리하는 단계입니다.

▶▶▶ 실습 예문　**주례 스피치의 활용**

〈오정해 씨 결혼식 — 김대중 전 대통령의 주례사(1997. 4. 26.)〉

엄지 ▶▶ **시작 단계(주례를 맡은 소감 피력)**

예시 　보통 결혼이라고 하면 신랑 신부가 가슴이 설렙니다만, 오늘은 저도 약간 가슴이 설렙니다. 오정해 양과의 관계로 해서 마치 친딸을 시집보내는 것 같고, 이렇게 많은 하객 앞에서 25년 만에 주례를 하게 되니 새삼 떨리는 마음입니다.

검지 ▶▶ **주례 동기와 주례사의 방향 제시 단계**

예시 　지난 1993년 7월, 영국 케임브리지 대학에서 연구 생활을 마치고 귀국한 후 저는 단성사에서 영화 '서편제'를 보았습니다. 그리고 영화에 관계하신 분들과 식사를 한 적이 있었는데, 그때 오정해 양을 처음 만났습니다. 그 후로 지금까지 교분이 계속되었고, 저는 오정해 양에게 항상 한 눈 팔지 말고 국악 한 길에서 성공하라고 말해 왔습니다.

　이제 오정해 양이 결혼하는 이 자리에서 축하하는 심정으로 주례를 보게 되었습니다. 긴긴 결혼 생활의 행복은 두 사람의 노력으로 찾아야 합니다. 그런 의미에서 제가 결혼 생활의 선배로서 몇 가지 도움이 될 만한 것들을 말하겠습니다.

중지 ▶▶ **도움말 전달 단계**

예시 　부부는 첫째로, 상대방의 기를 살려줘야 합니다. 이 세상에서 제일 좋지 않은 아내는 남편의 기를 꺾는 아내입니다. 남편을 생각하는 의미에서라고 해도 남편에게 이렇게 해라 저렇게 해라 하지 말아야 합니다. 그렇게 하면 잘 발전할 수 있는 남편의 기를 꺾어버리게 됩니다.

아내에게도 마찬가지입니다. 아내한테는 이 세상의 어떤 금은보화보다도 남편의 사랑과 남편이 자기를 인정해 주는 것 이상의 행복은 없습니다. 그럴 때는 아내는 무슨 고생이든지 감내를 합니다. 그래서 남편도 아내의 기를 살려줘야 합니다.

그러려면 서로 상대방의 장점을 봐야 합니다. 대개 결혼하기 전에는 서로 좋은 점만 보다가 그다음에는 결점만을 보기 시작해요. 그러나 사실 살다 보면 자기 남편, 자기 아내의 장점을 새롭게 발견하는 수가 많습니다.

서로 상대방의 장점을 인정하면서, 기를 살려주면 그 장점이 자꾸 커져서 두 사람 다 훌륭한 사람이 됩니다. 그런 가운데서 서로 상대방에게 감사하고 상대방을 더욱 사랑하게 됩니다.

두 번째로 두 사람은 정신적으로만 하나가 되는 것이 아니라, 인간적 성장과 일에서도 하나가 되어야 합니다. 그래서 일생을 같이 발전해 나가야 합니다.

남편은 아내가 하는 일이나 정신적인 면에 관심을 두고, 아내도 남편이 하는 일에 대해 관심을 둬야 합니다. 그래서 정신적으로나 현실적으로 서로 돕고 상대방에게 도움을 줄 때 사랑도 더욱 깊어집니다. 이 세상에서 아내만큼 남편을 생각하는 사람이 없고, 남편만큼 아내를 생각하는 사람이 없습니다. 항상 서로 하는 일에 관심을 두고 인간적인 성장뿐만 아니라 일 문제나 일상 활동의 문제도 같이 머리를 맞대고 상의하는 부부가 되는 것이 좋습니다.

세 번째는 인내심입니다. 부부 생활에서 가장 소중한 것은 참는 것입니다. 부부가 같이 살다 보면 화나는 일도 있고 마땅치 않은 일도 생겨납니다. 그때 화를 내고 싸우고 시비하지 말고 참아야 합니다.
저희 집은 결혼 생활 수십 년 동안에 작은 말다툼은 있었지만 큰 싸움은 해본 일이 없습니다. 그렇게 된 가장 큰 이유는 제가 화를 내면 제

아내가 말을 안 한다는 것입니다. 말을 안 하고 조용히 참아요. 참는 사람하고 싸울 수는 없지 않습니까? 그러다 보니 내가 잘못했다. 그때 참아줘서 고맙다는 생각이 들고, 더욱 아내에 대해서 감사하게 생각합니다. 그래서 부부 사이에 참는 것이 굉장히 중요하다고 생각합니다. 그리고 한 가지 더 이야기하고 싶은 것이 있습니다. 부부가 살아가면서 법률적으로나 도덕적으로나 옳지 않은 일을 하려고 할 때가 있어요. 그럴 때는 아내나 남편이 단호하게 반대해야 합니다.

제가 옥중에 있을 때 며느리한테 편지를 보낸 적이 있는데, 거기에 이런 글을 썼습니다. 남편이 옳지 못한 일을 하려고 할 경우에는 정말로 이혼을 각오하고 반대해야 한다고. 그런 아내를 남편은 존경하게 되고 감사하게 된다는 글입니다.
부부가 도덕적으로 떳떳하게 삶을 살고 있다는 확신이 있을 때 그 두 사람의 사랑은 물론 가정이 행복해지고, 자식들도 부모를 존경하며, 이를 통해서 가정 전체가 단합된 모습을 보일 걸로 생각합니다.

약지 ▶ 칭찬과 덕담 단계

예시 제가 볼 때 두 사람은 우리나라 장래에 크게 이바지할 인물들이 되리라고 생각합니다.
신랑 ○○○군은 경제계에서 우리나라 경제 발전을 책임지는 훌륭한 경영인이 되기를 바라고, 신부 오정해 양은 우리나라 국악계를 이끌고 나갈 훌륭한 국악인이 되기를 바랍니다.

소지 ▶ 마무리 단계

예시 두 사람이 협력하고 일체를 이루어 서로 그 두 가지 일에서 성공하기를 바라고, 두 사람의 행복을 빌면서 주례사를 마칩니다.
하객 여러분 감사합니다.

34 주제 설명 스피치

❶ 시작 단계
첫 번째 순서는 인사와 자기소개를 하는 단계입니다.

❷ 주제 선언 단계
두 번째 순서는 서론 단계로서 호감 사기·관심 끌기를 하며 본론에서 말할 것에 대해서 말하는 단계, 즉 주제 선언(이해 돕기)을 하는 단계입니다.

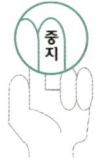

❸ 주제 전개 단계
세 번째 순서는 본론 단계로서 서론에서 '말하겠다고 말한 것'에 대해서 말하는 단계입니다. 이때 상황에 맞도록 이야기의 구성 방법을 선택해야 합니다. 왜냐하면 주제에 따라 이야기의 구성 방법도 달라져야 하기 때문입니다.

> **finger tip 다양한 이야기 구성 방법의 예**
>
> 회사의 역사에 대한 설명은 시간적 구성으로, 회사주변에 대한 경관은 공간적 구성으로, 회사의 발전 요인은 인과적 구성으로, 회사의 조직 구조는 주제별 구성으로, 회사의 문제점은 문제 해결식 구성 방법을 사용할 수 있습니다. 이처럼 각 방법은 메시지의 성격을 고려하여 선택하는 것이 효과적입니다.

❹ 주제 반복 단계
네 번째 순서는 결론 단계로서 본론 단계에서 말한 내용에 관해 요점을 다시 강조하고 호소하는 단계입니다. 즉 '말한 것'을 다시 말하는 주제 반복 단계입니다.

❺ 마무리 단계
다섯 번째 순서는 마무리 단계로서 '감사합니다.'로 박수를 유도하는 단계입니다.

▶▶▶ 실습 예문 　주제 설명 스피치의 활용

엄지》 시작 단계

예시) 안녕하십니까? 오늘의 주제를 설명할 ○○○입니다.

검지》 주제 선언 단계

예시) 여러분! 살인 사건이 벌어지면 각종 매스컴을 통해 세상이 떠들썩해지는데 20초에 한 번꼴로 벌어지는 뱃속 살인에 대해서는 왜 그렇게 무관심하십니까? 따라서 저는 오늘 '미혼모의 낙태'라는 주제로 여러분과 함께 살펴보고자 합니다.

중지》 주제 전개 단계

예시) 미혼모의 낙태에 대한 저의 생각은 어떠한 이유에서든 반대임을 밝힙니다(핵심문장). 왜냐하면 자신이 원하지 않는 임신을 하였다고 하더라도 미혼모 임의대로 뱃속의 아이를 낙태시킬 수 있는 권한은 없다고 보는 것입니다. 따라서 여기서는 심각해지는 미혼모의 낙태 원인에 대해 살펴보고, 그에 따른 대책을 살펴보고자 합니다.

> **finger tip** 　문제 해결식 구성 방법 선택.
>
> 　문제 해결식 조직 구성에서는 위와 같이 본론 첫 머리에서 주제문, 즉 '말하고자 하는 핵심 문장'을 먼저 밝힙니다.

약지 ▶ 주제 반복 단계

예시 이상에서 살펴본 바와 같이 미혼모 낙태의 원인과 대책은 ~ 입니다. 이 문제를 놓고 지금 당장 해결책을 마련하기는 어렵습니다.

그러나 분명한 것은 우리의 생명은 소중한 것이며, 앞으로 이 문제에 대해서 가정과 학교 그리고 사회에서 더욱 많은 신경을 써 나가야 한다는 것입니다.
저는 지금까지 미혼모의 낙태라는 주제로 말씀드렸습니다.

소지 ▶ 마무리 단계

예시 경청해 주신 여러분, 감사합니다.

35 지적 스피치

❶ 시작 단계
첫 번째 순서는 다정하게 상대의 이름을 부르는 단계입니다.

❷ 칭찬 단계
두 번째 순서는 마음을 여는 단계로 효과적인 지적이 될 수 있도록 상대의 마음을 칭찬으로 여는 단계입니다. 가능하면 지적해야 할 사람에게서 칭찬 거리를 세 가지 이상 찾아 칭찬합니다.

Finger tip **칭찬**

고래도 춤추게 한다는 칭찬은 우리의 마음을 열게 하지만 지적이나 비난은 마음의 문을 닫게 합니다. 따라서 지적하기 전에 먼저 칭찬할 것을 권하는 것입니다.

❸ 지적 단계
세 번째 순서는 잘못을 일깨워주는 단계로 지적 사항을 상대에게 마음의 상처가 되지 않도록 최대한 부드럽게 전하여 잘못을 일깨워주는 단계입니다.

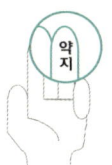

❹ 다시 칭찬 혹은 격려 단계
네 번째 순서는 상대의 마음을 다시 어루만져주어 분발하게 하는 단계입니다.

❺ 마무리 단계
다섯 번째 순서는 희망적인 말로 마무리하는 단계입니다.

▶▶▶ 실습 예문   지적 스피치의 활용

엄지 〉〉 시작 단계
- 예시) ○○○ 선생님!

검지 〉〉 칭찬 단계
- 예시) 요즘 어학 공부를 열심히 하고 계신다고 들었는데, 잘 돼 가십니까? 항상 열정적으로 다방면에 관심을 두고 도전하는 모습이 참 보기 좋네요.

중지 〉〉 지적 단계
- 예시) 그런데 한 번에 여러 가지 계획을 무리하게 세우게 되면 아무래도 지키기 어려워지지 않을까요? 퇴근 후 시간을 이용해서 중국어와 영어 두 가지를 한꺼번에 마스터하겠다는 것은 다소 무리가 따를 것 같습니다. 두 가지를 동시에 마스터하는 계획보단 업무상 더욱 시급한 중국어부터 집중적으로 공부해 보시면 어떨까요?

약지 〉〉 격려 단계
- 예시) 바쁜 일정 가운데도 자기발전을 위해 끊임없이 노력하려는 그 열정이면 좋은 성과를 분명히 얻게 될 겁니다. 먼저 한 가지를 성공적으로 이루고 나면 자신감이 생겨서 다음번은 더욱 잘되곤 하지요.

소지 〉〉 마무리 단계
- 예시) 힘내서서 즐거운 마음으로 외국어를 정복해 나가시길 바랍니다. 찌아요우! (加油 : 중국어로 '파이팅')

36 처음 만나는 사람과의 스피치
― 상대의 마음을 여는 부드러운 커뮤니케이션 스킬

어떤 일이든지 시작이 어렵습니다. 그래서 시작이 반이라는 속담도 있습니다. 대화에서도 마찬가지입니다. 사람을 처음 만났을 때 우리는 무슨 말로 이야기를 시작할까 고민하게 됩니다.

그럼, 처음 만나는 사람과는 어떠한 이야기부터 꺼내는 것이 좋고, 어떻게 화제를 전개해 나가면 좋은지 상대의 마음을 여는 부드러운 커뮤니케이션 스킬에 대해 함께 살펴보도록 하겠습니다.

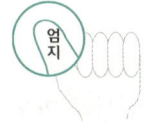

❶ **시작 단계**
첫 번째 순서는 인사를 교환하며 통성명을 하는 단계입니다. 이때 필요하다면 명함을 교환하는 것도 좋습니다.

❷ 화제 선정 단계
두 번째 순서는 대화를 시작할 준비를 하고 화제를 선정하는 단계입니다.

❸ 화제 전개 단계
세 번째 순서는 적절한 화젯거리를 전개해 나가는 단계입니다. 이때 사용될 수 있는 화제의 목록을 제시한다면 다음과 같은 것들이 있을 것입니다.
㉠ 이름　　㉡ 자녀(가족) 단계　㉢ 집
㉣ 꿈과 비전　㉤ 직업　　　　㉥ 최근 기뻤던 일
㉦ 단기 목표　㉧ 취미　　　　㉨ 여행
㉩ 단체 가입　㉪ 수료증, 자격증

❹ 보충 단계
네 번째 순서는 앞 단계에서 다루었던 화젯거리 중 더 알고 싶은 사항이라든가 협조 사항 등을 이야기하는 단계입니다.

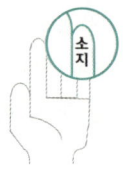

❺ 마무리 단계
다섯 번째 순서는 덕담과 함께 끝 인사로 마무리하는 단계입니다.

▶▶▶ 실습 예문   처음 만나는 사람과의 스피치(화제 전개 순서)

❶ 이름

첫 번째로 전개해 나가면 좋을 화젯거리는 명함을 주고받으며 통성명을 하고 그 이름에 대해 대화를 나누는 단계입니다.

우리가 사람을 처음 만나게 되면 명함을 주고받으며 통성명을 하게 됩니다. 이때 상대의 이름에 대해 호기심을 갖고 다음과 같이 질문하며 다양하게 대화를 나눌 수 있습니다.

예시 1 참 좋은 이름을 갖고 계십니다. 누가 지어 주셨는지 궁금한데요.
예시 2 참 예쁜 이름을 갖고 계십니다. 어느 분이 지어주셨나요?
예시 3 특별한 이름 같은데 혹시 이름에 얽힌 사연이 있으신가요?
예시 4 저랑 성이 같으시네요. 실례가 안 된다면 본관이 어디신지 여쭈어 봐도 될까요?
예시 5 이름에 좋은 이미지가 담겨 있습니다. 한 번 듣게 되면 오래도록 좋은 이미지로 기억에 남겠는데요. 이런 이야기 제가 처음은 아니겠죠?

❷ 자녀(미혼인 경우는 가족관계)

우리가 상대에게 같은 질문을 받더라도 어떤 경우는 이야기하고 싶기도 하고 어떤 경우는 하고 싶지 않은 경우가 있습니다. 그것은 상대의 기분을 고려했는가 하지 않았는가의 차이이기도 합니다. 즉 불쑥 알고 싶은 것만을 물어보아서는 형사가 심문하는 기분이 들 수 있기 때문에 주의해야 합니다.

예시 1 참 다복해 보이시는데, 슬하의 자녀는 어떻게 두셨는지요?
예시 2 형제 중에 둘째가 상황 파악을 잘하고 분위기 파악을 잘한다고 하는 이야기를 들었는데요. 선생님을 뵈면 형제분들 중에 둘째가 아니신가 하는 느낌이 드는데 어떠신가요?

❸ 집

　우리가 대화하는 이유는 사람에 따라 다르겠습니다. 어떤 사람은 상대를 설득시키려고, 어떤 사람은 자신의 의사를 상대에게 전달하고자 혹은 상호 정보 제공 등 여러 가지 이유가 있을 수 있겠습니다.

　하지만 또 다른 이유가 있다면 대화를 통해 상대의 기분을 좋게 만들어 더 좋은 인간관계를 유지하기 위해서가 아닐까 생각해 봅니다. 그렇다면, 대화할 때 내가 하려고 하는 이 질문은 상대를 위한 질문이 될지 안될지를 신중히 생각해 보고 해야겠습니다.

　즉 내가 하려고 하는 질문이 상대의 기를 살려주기 위한 질문이 될지, 아니면 상대를 난처하게 만드는 고약한 질문이 될지 생각해 보고 질문해야 할 것입니다. 그리고 만일 좋은 질문이라고 생각하고 상대에게 질문했는데 상대가 답변하기를 어려워한다면, 자연스럽게 화제를 바꾸어 주는 것이 좋습니다.

　상대와 부드러운 커뮤니케이션을 위해서는 이런 상황에 민감하게 대처할 필요성을 바로 나 자신이 느끼고 있어야 합니다.

　집에 대한 질문만도 다양하다고 할 수 있습니다. 아파트에 살고 있는지 단독 주택에 살고 있는지, 혹은 연립에 살고 있는지 등 다양합니다. 그리고 만일 집이 넓은 평수의 집이라면 몇 평인지 묻지 않아도 자연스럽게 이야기가 나오므로 사는 집이 몇 평이냐는 질문 혹은 그 집이 자가인지 전세인지 등의 질문은 하지 않는 것이 좋을 듯합니다.

　그러나 넓은 평수에 살고 있어 몇 평에 사는가를 물어봐 주기를 바라는 것 같다면 반대로 몇 평이냐는 질문을 하는 것이 좋겠습니다.

예시 1 혈색이 좋아 보이시는데, 사시는 곳이 공기가 좋은 곳인가 봅니다. 궁금한데요?
예시 2 그 동네는 아파트가 많은 것으로 알고 있는데, 어디에서 사시는가요?
예시 3 제가 지금 사는 곳은 공기가 별로 공기가 좋지 않은데, 선생님이 사시는 그곳은 공기가 좋으시지요?
예시 4 우리 동네는 무엇이 유명한데, 선생님이 사는 그곳은 무엇으로 유명하지요?
예시 5 저녁식사 후에 주위에 가볍게 산책할 만한 곳은 있으신가요?

❹ 꿈과 비전

　이 단계쯤 되면 이야기가 어느 정도 무르익은 단계가 됩니다. 통성명이 끝나고 난 직후에 꿈이 뭐냐고 바로 묻게 되면 상대가 당황해 하겠지만, 말문이 트인 상황이라 과거 어렸을 때의 꿈부터 조심스럽게 묻는다면 상대도 별 부담 없이 받아주리라 봅니다. 이때 상대의 이야기를 잘 들어주고 맞장구를 제때에 잘 쳐준다면 대화는 점점 무르익어 가게 됩니다.

예시 1 꿈이 있는 사람은 행복하다는 말이 있습니다. 선생님의 모습도 많이 행복하고 좋아 보이십니다. 선생님의 어렸을 때의 꿈과 현재의 꿈, 그리고 미래의 꿈과 비전은 무엇인지 궁금합니다. 선생님은 그 꿈을 왜 가지게 되셨나요?
예시 2 그 꿈을 이루고자 선생님께서는 구체적으로 어떠한 노력을 기울이셨나요?
예시 3 그 꿈을 이루었을 때의 기쁨이 상당히 크셨으리라 생각이 드는데요.

예시4 우리가 무슨 일을 하다 보면 애로 사항과 희생이 뒤따르게 마련인데요. 선생님께서는 그 꿈을 이루는 과정에서 어떤 애로와 희생이 있으셨는지 궁금합니다.

❺ 직업

　서서히 구체적인 질문으로 들어가게 됩니다. 전 단계 질문인 과거·현재·미래의 꿈과 비전을 이야기하며 직업을 자연스럽게 알게 되었을 것입니다. 중요한 것은 어떤 직업이 되었든 이 사회의 소중한 한 분야의 일이므로 상대가 하는 일에 긍지와 자부를 느낄 수 있도록 칭찬을 아끼지 말아야 한다는 것입니다.

예시1 하시는 일이 전문 직종에 해당할 것 같은데요. 조금 자세히 말씀해 주실 수 있으신가요?
예시2 아, 그러세요? 정말 반갑습니다. 방송이나 책을 통해서만 선생님이 하시는 분야의 일을 알 수 있었는데요. 이렇게 선생님과 같이 훌륭한 분을 직접 만나 뵙게 되어 정말 영광스럽게 생각합니다. 선생님은 그곳에서 그렇다면 구체적으로 어떤 일을 하시는 건가요?
예시3 선생님의 직책이 궁금해지는데요.
예시4 직장이 어디에 있으신가요?
예시5 현재 하시는 일에 만족하신가요?
예시6 직장에서의 고충(힘들게 하는 사람)은 혹시 있으신가요?
예시7 선생님의 이상에 맞는 직장이신가요?

❻ 최근에 가장 기뻤던 일

　이야기가 중복된다면 다음 단계로 넘어가면 됩니다. 그리고 단계를 꼭 거쳐 갈 필요도 없습니다. 그때의 상황에 맞춰 적절한 질문을 하면 됩니다. 최근에 도전해서 성취한 경험, 사례, 그때의 느낀 감격 등을 묻습니다.

예시1 승진 : 그동안의 숨은 노고와 땀이 소중한 결실을 본 것 같습니다. 진심으로 축하합니다. 앞으로 더욱 일취월장해 나가시길 바랍니다.

예시2 수상 : 상이 제대로 주인을 알아본 것 같습니다. 정말 대단합니다. 축하합니다. (더 많은 예시는 266쪽 50. 재치 만점 '단발 스피치'의 각종 축하 스피치 부분을 참고하시기 바랍니다.)

> **finger tip 최근에 가장 기뻤던 일**
>
> 상대가 도전해서 성취한 경험과 사례 등을 얘기하며 기뻐하고 감격할 때는 상대의 거울이 되어준다는 기분으로 함께 기뻐하고 감격해야 합니다. 사람들은 함께 기뻐하고 함께 고민해주는 사람을 원하기 때문입니다.

❼ 목표

주지하다시피 목표는 크게 단기 목표와 장기 목표로 나눌 수 있습니다. 하지만 여기에서 목표란 먼 훗날의 꿈과 희망이 아닌 단기간의 목표를 뜻합니다. 좀 더 구체적으로 언급하자면, 약 10년 정도 후의 장기 목표가 아니라 1년 또는 2년 사이에 이룰 수 있는 단기 목표입니다. 그리고 계획은 목표보다 작은 단위로서 하루 계획, 1주 계획, 1달 계획 등으로 사용됩니다.

예시1 선생님의 올해 목표에 대해 알 수 있을까요?
예시2 그 목표를 실행하고자 구체적으로 노력하고 있는 일이 있으신가요?
예시3 그 목표를 달성하고자 추가된 계획이 있으시다면 무엇일까요?
예시4 지금은 그 목표에 몇 퍼센트나 달성된 상황이신가요?

❽ 취미

좋은 취미생활을 하는 것에 대해 많이 부러워하고, 적절하게 질문해가며 감탄하고 놀라는 모습을 보이는 것도 상대에 대한 예의이자 경청의 기술이라고 볼 수 있겠습니다.

● 여러분, 저의 취미가 궁금하시죠? 저의 취미는 책 보고, 연구하고, 글 쓰고… 뭐 이런 것 빼고는 다 좋아합니다. ^^

> **finger tip**
>
> "명망 있는 학자와 이야기할 때는 군데군데 이해가 되지 않는 척해야 한다. 너무 모르면 업신여기게 되고, 너무 잘 알면 미워한다. 군데군데 모르는 정도가 서로에게 가장 적합하다." 중국의 문호 노신의 말입니다.

예시 1 건강해 보이십니다. 좋은 취미가 있으실 것 같은데요. 어떤 취미를 갖고 계신가요?
예시 2 그러세요? 취미가 저와 같으시군요. 언제부터 하셨나요?
예시 3 취미가 독특하시군요. 그 취미를 갖게 된 특별한 동기라도 있으신가요?
예시 4 저도 그것에 많은 관심이 있는데요. 제가 시작하게 된다면 미리 알고 있으면 좋을 상식 같은 것이 있을 것 같은데요. 말씀해 주시면 도움이 많이 되겠습니다.

❾ 여행

여행의 추억(국내, 국외)은 누구에게나 있습니다. 추억을 되살려 분위기를 더 살려나갈 수 있습니다.

예시 다방면으로 박식하십니다. 그래서인지 선생님을 뵈면 여행을 좋아하실 것 같다는 느낌이 듭니다. 여행하면서 좋았던 곳이 있거나 인상 깊었던 곳이 있으시다면 소개해 주시지요. 저도 그 나라를 언젠가는 한 번 가보려고 계획하고 있습니다. 선생님께서 여행하면서 느끼신 점이나 주의할 점에 대해 말씀해 주시면 많은 참고가 되겠습니다.

⑩ 단체 가입

단체에 가입되어 있지 않은 사람을 찾아보기 어려울 정도로 대부분의 사람은 소속 단체가 있습니다. 특히 봉사단체가 많은데 이러한 봉사 단체에 가입한 사람들은 자부심이 대단합니다. 가입한 단체에 대해 이야기를 나눕니다.

예시 1 선생님의 직업과 관련된 단체도 여러 개가 있겠지요? 그 외에 가입하신 단체도 있으신가요? 대단하십니다.

예시 2 "남을 위해 봉사를 하지 않는 사람은 그 사람이 제아무리 훌륭한 지위를 지녔고 많은 재산이 있다 하더라도 결코 성공한 사람이라고 볼 수 없다."라고 하는 라이온스 클럽의 창시자 멜빈 존스 씨의 말도 있는데요. 저 역시 이 말에 무척 공감이 갑니다. 선생님께서는 언제부터 이 단체에 가입해서 활동 중이신가요? 그 단체의 회원님들은 주로 어떤 일을 하는 분들이신가요? 모임은 얼마 만에 한 번 있으신가요?

⑪ 수료증, 자격증

처음 만나는 사람과의 스피치에서 마지막으로 전개해 나가면 좋을 화젯거리는 수료증, 자격증에 대하여 대화를 나누는 단계입니다.

자격증 시대라고 할 만큼 여러 사람이 자격증을 많이 가지고 있고, 자격증 취득을 하고자 공부도 많이 합니다. 자격증의 종류도 다양하고, 취득하려는 방법도 달라서 이야기의 소재로 좋다고 여겨집니다. 외국에 갔을 때 공부를 위해 다녀왔다면 공부는 어디까지 마쳤는지, 그리고 그 학위는 교육학 학위인지 문학 학위인지 질문 내용이 많으리라 생각됩니다.

예시 1 그 자격증을 취득하려면 특별히 이수해야 하는 교육 과정이 있는 건가요?
예시 2 그 학위를 취득하려면 시간이 꽤 걸리겠는데요?
예시 3 그 자격증을 취득하면 어느 분야로 취업할 수 있는가요?
예시 4 지금 말씀해주신 자격증 외에 또 다른 것이 있을 것 같으신데요?

그림 연상법을 활용한 키워드 떠올리기

우리는 앞장 '36. 처음 만나는 사람과의 스피치'에서 세 번째 단계인 화제 전개 단계의 키워드 11가지를 살펴보았습니다. 그런데 이 키워드가 잘 떠오르지가 않지요? 이 키워드를 머릿속에 확고히 자리 잡게 하는 좋은 방법이 있습니다. 그것은 바로 '연상법'을 활용하는 것입니다. 11가지 키워드를 한 폭의 그림으로 연상해 본다면 원활하게 화제를 전개해 나갈 수 있을 것입니다.

(이미지 연상)
서울 월드컵 축구 경기장만 한 넓은 잔디밭에 청와대만 한 큰 집을 먼저 떠올리시기 바랍니다. 집이 청와대 정도로 크니까 대문도 남대문처럼 크네요.

❶ 이름 : 그 대문을 밖에서 보니 황금 문패가 번쩍번쩍 빛이 납니다. 가까이 가서 보았더니 '○○○'이라고 적혀 있습니다.

❷ 자녀 관계(미혼인 경우는 가족 관계) : 그 큰 문을 삐걱 소리를 내면서 열고 들어가니 색동저고리 입은 아이들이 잔디밭에서 재미있게 뛰어노는 것입니다.

❸ 집 : 저 멀리 청와대만 한 큰 집이 보입니다.

❹ 꿈과 비전 : 그 집은 다른 집과는 달리 굴뚝이 2개가 있는데, 한쪽 굴뚝에서는 흰 연기가 모락모락 피어오르고,

❺ 직업 : 또 다른 굴뚝은 굴뚝이 워낙 수평으로 넓어서 그 위에 사람이 앉아 있을 수 있는 충분한 공간이 있습니다. 그 굴뚝 위에 앉아 있는 사람은 한쪽 손에는 목장갑을 끼고 있습니다.

❻ 최근 기뻤던 일 : 다른 한쪽 손에는 은색 트로피를 들고 있습니다.

❼ 목표 : 그런데 어떻게 된 영문인지 그 사람 머리 위에 축구 골(Goal)대가 둥실 떠 있습니다.

❽ 취미 : 그 골(Goal)대 그물망 안에는 테니스 라켓이 대롱대롱 걸려 있습니다.

❾ 여행 : 그 위에 비행기가 한 대 떠 있습니다. 가까이 다가가서 보니 747 점보 비행기라고 적혀 있군요.

❿ 단체가입 : 그 안에 파란 유니폼을 입은 사람들이 보입니다. 단체라는 느낌이 듭니다.

⓫ 자격증 : 손에 무엇을 하나씩 들고 있는데 자세히 보았더니 경기대학교 사회교육원 리더스 스피치 과정 수료중입니다.

37. 청춘 남녀를 위한 작업(?) 스피치

❶ 시작 단계
첫 번째 순서는 작업(?)할 상대의 이름을 부르는 단계입니다.

❷ 스몰 토크 단계
두 번째 순서는 스몰 토크로 상대의 마음을 여는 단계입니다.

❸ 작업(?) 멘트 단계
세 번째 순서는 상대에게 제일 잘 통할 것 같은 작업(?) 멘트를 한 후 반응을 보는 단계입니다.

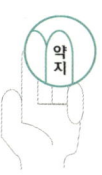

❹ 멋진 멘트 단계

네 번째 순서는 결혼반지를 약지에 끼게 할 수 있는 (상대의 마음을 열 수 있는) 멋진 멘트를 하는 단계입니다.

❺ 마무리 단계

다섯 번째 순서는 함께 바라보며 분위기에 취하는 단계입니다.

▶▶▶ 실습 예문　**작업 스피치의 활용**

엄지 ▶ 시작 단계
예시) ○○ 씨!

검지 ▶ 스몰 토크 단계
예시) 오늘 날씨 참 좋죠? 의상이 오늘 날씨와 참 잘 어울리십니다.

중지 ▶ 작업(?) 멘트 단계
예시) 질문 : 동전 좀 빌려 주실래요?
　　　(상대의 반응 : 뭐 하시게요?)

약지 ▶ 멋진 멘트 단계
예시) 어머니께 전화해서 지금 막 꿈에 그리던 여인을 만났노라고 말하려고 합니다.

소지 ▶ 마무리 단계
예시) 함께 바라보며 분위기에 취합니다.

각종 작업(?) 스피치 실습 예문

❶ 질문 : 응급 처치할 줄 아세요?
(상대의 반응 : 왜요?)
멋진 멘트) 당신이 제 심장을 멎게 하였거든요.

❷ 질문 : 길 좀 알려주시겠어요?
(상대의 반응 : 어디로 가는 길을 알려 드릴까요?)
멋진 멘트) 당신 마음으로 직접 들어가는 길이요.

❸ 질문 : 당신이 제 눈의 눈물이라면 절대 울지 않을 겁니다.
(상대의 반응 : 왜요?)
멋진 멘트) 당신을 잃을까 두려워서랍니다.

❹ 질문 : 당신이 입은 셔츠 상표를 좀 봐도 될까요?
(상대의 반응 : 왜요?)
멋진 멘트) 천사표인가 보려고요.

❺ 질문 : 당신은 나 때문에 많이 피곤하시겠어요.
(상대의 반응 : 왜요?)
멋진 멘트) 온 종일 제 머릿속에서 빙빙 돌아다니니까요.

❻ 질문 : 아버님이 도둑이셨나요?
(상대의 반응 : 네?)
멋진 멘트) 하늘에서 별을 훔쳐다가 당신의 두 눈에 넣으신 것 같아서요.

❼ 질문 : 지도 있으신가요?
　（상대의 반응 : 왜요?）
　멋진 멘트) 당신의 눈 속에서 계속 길을 못 찾고 있어요.

❽ 질문 : 옷걸이 좀 빌려 주실래요?
　（상대의 반응 : 왜요?）
　멋진 멘트) 말 좀 걸어 보게요.

❾ 질문 : 실례지만 지금 몇 시인가요?
　（상대의 반응 : 10시 30분입니다.）
　멋진 멘트) 그래요. 오늘이 200x년 xx월 xx일 10시 30분. 고마워요. 당신을 만난 바로 이 순간을 기억하고 싶습니다.

❿ 질문 : 죄송한데, 저한테 말씀하시는 건가요?
　（상대의 반응 : 아니요.）
　멋진 멘트) 그래요? 그러면 이제부터 시작해 보세요.

이 밖의 청춘 남녀를 위한 각종 작업(?) 스피치 실습 예문

❶ 저 이곳에 온 지 얼마 안 됐거든요. 당신 아파트까지 가는 길 가르쳐 주실래요?

❷ 집까지 따라간다면, 데리고 사실래요?

❸ 천사처럼 보이시네요. 지구에 오신 걸 환영합니다.

❹ 천사가 이렇게 낮은 곳에서 날아다니는 줄 몰랐네요.

❺ 근데 천국에는 몇 시까지 돌아가면 되는 거죠?

❻ 대단한 도둑이시네요. 방 건너편에서 벌써 제 마음을 훔쳐가 버리시다니.

❼ 꼬집어 줄래요? (뭐라고요?) 너무 멋지셔서 꿈꾸는 것 같아서요.

❽ 제 이름은 ○○○입니다만, "자기야"라고 부르셔도 돼요.

❾ (여자가 자리를 떠날 때) 저기요! 뭐 잊어버리셨는데요? (뭘요?) 저요!

❿ 당신은 사전 같아요, 제 인생에 의미를 더해주니까요!

(http://memolog.blog.naver.com/ronpark0910/3 참고)

38 취임 스피치

❶ 시작 단계
첫 번째 순서는 인사와 자기소개를 하는 단계입니다.

❷ 감사 단계
두 번째 순서는 감사 인사를 하는 단계입니다.

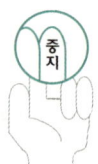
❸ 중심 내용 표현 단계
세 번째 순서는 취임사의 중심 내용을 담아서 표현하는 단계입니다. 즉 취임 소감, 앞으로의 업무 방침, 비전 제시, 중점 사업 계획 등을 표현하는 단계입니다.

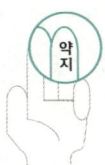

❹ 보충 단계

네 번째 순서는 첨가 사항·강조 사항·협조 사항 등을 표현하는 단계입니다.

❺ 마무리 단계

다섯 번째 순서는 덕담과 더불어 끝 인사로 마무리 하는 단계입니다.

> ▶▶▶ **실습 예문** **취임 스피치의 활용**

엄지 ▶▶ 시작 단계
예시 여러분 반갑습니다. ○○○의 회장을 맡게 된 ○○○입니다.

검지 ▶▶ 감사 단계
예시 먼저 부족한 저를 회장으로 추대해 주신 여러분께 진심으로 감사드립니다.

중지 ▶▶ 중심 내용 표현 단계
예시 제가 ○○○의 회원이 되어 여러분과 함께 주위의 어려운 이웃을 돕는 봉사활동을 해 온 지 어언 7년이 되었습니다. 이제 오늘 회장까지 맡고 보니 저의 어깨가 무척 무거워짐을 느낍니다. 저는 여러모로 부족하지만, 여러분의 사랑과 격려에 힘입어 모든 노력을 기울여 회장직을 수행하도록 하겠습니다.

약지 ▶▶ 보충 단계
예시 현재 우리 ○○○ 은(는) 서울시와 광역시에 지부를 두고 있지만, 앞으로 시, 군, 구로 확대하여 나갈 것입니다. 제 임기 동안에도 단위에 한 개씩의 지부를 반드시 설립하도록 할 것입니다. 그러려면 무엇보다도 여러분의 성원과 도움이 필요합니다.

소지 ▶▶ 마무리 단계
예시 여러분, 앞으로 많이 도와주십시오. 우리 모두 한마음 한뜻이 돼서 나라 사랑 · 이웃 사랑을 실천해 나갑시다. ○○○ 을(를) 더욱 발전시켜 나갑시다. 감사합니다.

스피치를 잘하고자 할 때 꼭 가져야 하는 생각

'걸림돌이 디딤돌이 된다.'라는 이야기가 있습니다.

하느님께서 우리에게 선물을 주실 때는 문제라는 포장지에 싸서 주신다고 하죠.

큰 선물을 주려면 큰 문제를 주신다는 것입니다.

지금 나에게 주어진 시련은 나를 더 강하게 만들기 위한 과정입니다.

말로 인해 고민하고 있는 분이 계신다면 우선 노력하면 반드시 좋아질 수 있다는 말씀을 드리고 싶습니다. 왜냐하면 스피치는 우리가 스케이트를 배우거나 운전을 배우듯이 노력하면 잘할 수 있는 기술이니까요.

따라서 기술을 연마하여 스피치를 잘하고 싶은 마음이 있다면 다음과 같은 세 가지 생각을 하고 접근할 필요가 있겠습니다.

첫째, '나는 위대한 사람이다.'라는 생각입니다. 위대한 사람이라는 자각이 위대한 사람과의 만남을 통해 위대한 생각과 말, 행동을 하게 하는 것입니다.

둘째, '나는 스피치가 즐겁다.'라는 생각입니다.
'스피치는 즐거움'이라는 생각이 스피치 실력 향상을 위한 훈련에 몰입하게 할 수 있는 원동력이 되는 것입니다.

셋째, '나는 남과 비교할 수 없는 멋진 개성을 가진 사람이다.'라는 생각입니다.
남의 흉내를 내는 스피치가 아니라 자신만의 독특한 개성을 살린 스피치가 바로 가장 훌륭하고 멋진 스피치가 됩니다.

인생을 행복하고 성공적으로 사는 방법이 있습니다.
그것은 자신의 장점을 최대로 끌어올리고, 자신의 단점을 보완하여 최대로 끌어내리는 것입니다.

걸림돌이 디딤돌이 됩니다. 파이팅!

39 칭찬 스피치

finger tip **칭찬**

칭찬은 고래도 춤추게 한다는 말이 있을 정도로 칭찬은 우리의 마음을 여는 특효약입니다.
칭찬의 기술을 익혀 보겠습니다.

1. 칭찬은 그 즉시 상대의 이름을 부르며, 가능하면 많은 사람 앞에서 상대가 중요하게 생각하는 것을 구체적으로 하는 것이 좋습니다.

2. 간접화법으로 칭찬해 주는 것도 좋은 방법입니다.
   [예시] A사에 갔더니 자네 칭찬이 자자하더군!

3. 질문을 활용하여 연관된 사람까지 함께 칭찬해 주면 더욱 효과적입니다.
   [예시] 누가 코디해 준 건가요?
   (제 아내가 ….)
   네, 부인의 안목이 대단하십니다.

❶ 시작 단계
첫 번째 순서는 칭찬할 사람의 이름을 부름으로써 칭찬들을 준비를 시키는 단계입니다.

예시 ○○○ 씨!

❷ 스몰 토크 단계
두 번째 순서는 분위기 조성을 위해 스몰 토크를 하는 단계입니다.

예시 1 날씨가 참 좋죠?
예시 2 요즘 근황은 어떠신지요?

❸ 칭찬 단계
세 번째 순서는 상대의 칭찬 거리를 찾아 칭찬하는 단계입니다.

예시 멋있어요, 맛있어요, 훌륭합니다, 잘 어울려요, 솜씨가 좋으시네요. 등

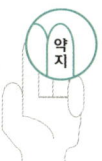

❹ 보충 단계
네 번째 순서는 칭찬을 받게 된 사연 등에 대해서 질문을 하는 단계입니다.

예시 1 아니 이건 어디서 배울 수 있습니까?
예시 2 얼마나 배우면 이렇게 잘할 수 있을까요?
예시 3 누가 코디해 주신 건가요?

❺ 마무리 단계
다섯 번째 순서는 질문에 대한 상대의 대답을 듣고 다시 칭찬을 하는 단계입니다.

예시 1 역시 대단하십니다.
예시 2 역시 멋지십니다.

▶▶▶ 실습 예문 　칭찬 스피치의 활용

(상황) 생명 보험 회사에서 전체 1등을 한 챔피언과의 대화

엄지 ≫ 시작 단계
> **예시** ○○○ 선생님!

검지 ≫ 스몰 토크 단계
> **예시** 오늘 좋은 일이 있으신가 봅니다.

중지 ≫ 칭찬 단계 (성과→과정→인격의 순으로 칭찬합니다.)
> **예시** 1) 정말이세요? 우와! 챔피언이 되었다니 대단하시네요. **(성과)**
> 2) 열심히 하셨군요. 챔피언이 되기까지 어려움이 많으셨을 겁니다. 정말 수고하셨습니다. **(과정)**
> 3) 선생님은 반드시 해낼 수 있으리라 믿고 있었습니다. **(인격)**

약지 ≫ 보충 단계
> **예시** 선생님은 입사한 지 몇 년 만에 챔피언의 영예를 안으신 건가요?

소지 ≫ 마무리 단계
> **예시** 네? 1년이요? 선생님은 역시 대단하십니다.

40 타인 소개 스피치

❶ 시작 단계
첫 번째 순서는 인사와 자기소개를 하는 단계입니다.

❷ 타인 소개 단계
두 번째 순서는 타인을 소개하는 단계입니다.

❸ 칭찬 단계
세 번째 순서는 상대를 칭찬하는 단계입니다.

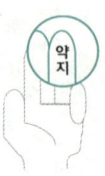
❹ 보충 단계
네 번째 순서는 부연 설명을 하는 단계입니다.

❺ 마무리 단계
다섯 번째 순서는 끝 인사를 하는 단계입니다.

▶▶▶ 실습 예문 — 타인 소개 스피치의 활용

[엄지] **시작 단계**

 [예시] 안녕하십니까? 만남을 소중하게 생각하는 ○○○입니다.

[검지] **타인 소개 단계**

 [예시] 저는 오늘 여러분께 정말 매력이 넘치는 훌륭한 분을 소개해 드리고자 합니다. 제가 소개해 드릴 분은 바로 ○○○선생님입니다.

[중지] **칭찬 단계**

 [예시] ○○○ 선생님은
 1) 우선 천진난만한 환한 미소가 정말 매력적입니다.
 2) 또한 패션 감각이 아주 탁월하십니다.
 3) 그리고 기타를 치며 노래 부르는 것을 무척 좋아하신다고 합니다.
  언제 멋진 모습을 볼 기회가 있었으면 좋겠네요.

[약지] **보충 단계**

 [예시] 제가 ○○○선생님을 여러분께 소개하게 돼서 매우 기쁘고 영광스럽습니다. 여러분, ○○○ 선생님을 힘찬 박수로 환영해 주시기 바랍니다.

[소지] **마무리 단계**

 [예시] 소중한 인연 앞으로도 잘 발전시켜 나가겠습니다.
 감사합니다.

41 토론 스피치

❶ 시작 단계
첫 번째 순서는 상대의 말을 경청하는 단계입니다. 그리고 제대로 들었는지 확인하는 단계입니다.

❷ 맞장구 단계
두 번째 순서는 상대의 말을 경청하다가 동의할 부분은 맞장구를 치는 단계입니다.

❸ 자기 의견 주장 단계
세 번째 순서는 상대와 다른 의견을 말하는 단계입니다.

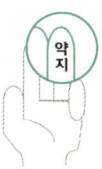

❹ 보충 단계
네 번째 순서는 상대와 다른 의견의 근거를 제시하는 단계입니다.

❺ 마무리 단계
다섯 번째 순서는 자기 의견을 강조하며 마무리하는 단계입니다.

▶▶▶ 실습 예문　토론 스피치의 활용

엄지▶ 시작(경청과 확인) 단계

　예시▶ 네, 정신병자가 의사와 상담할 때 살인하고 싶다고 말했다면 담당의사는 이 사실을 경찰에게 알려야 한다는 말씀이시군요.

검지▶ 맞장구(동의할 부분) 단계

　예시▶ 정신병자가 살인하고 싶다는 것을 경찰에게 미리 말한다면 억울한 희생을 줄일 수 있는 것은 맞습니다.

중지▶ 자기 의견 주장(상대와 다른 의견) 단계

　예시▶ 그렇지만 정신병자는 담당 의사를 믿고 자신의 심경을 솔직하게 털어놓은 것인데, 비밀이 지켜지지 않는다면 환자들은 마음을 털어놓고 이야기할 만한 곳이 없어지지 않겠습니까? 의사는 환자의 비밀을 지켜주어야 합니다.

약지▶ 보충(다른 의견의 근거 제시) 단계

　예시▶ 또한 상담을 한 환자는 살인하고 싶은 마음뿐이지 실천하지 않을 수도 있습니다.

소지▶ 마무리(자기 의견을 강조) 단계

　예시▶ 병원에서 이루어진 환자와 의사와의 상담 내용은 비밀로 지켜져야 한다고 생각합니다. 환자들이 치료를 받을 기회를 잃게 되어서는 안 된다고 생각합니다.

42 트라이어드 기법 스피치

finger tip **트라이어드 기법 스피치**

갑자기 한 말씀 해 달라고 하는 요청을 받았을 때 활용됩니다. 즉흥 스피치의 준비로서 할 이야기의 핵심 세 가지를 빨리 찾습니다.

트라이어드(triad)는 숫자 3이라는 뜻입니다. 우리가 무엇인가를 증명하고자 이야기하려고 할 때 열 가지 이상을 이야기한다고 하면 듣는 사람이 복잡하고 산만하다는 느낌이 들어 아예 들으려고 하지 않을지도 모릅니다. 또 한 가지나 두 가지를 이야기한다고 하면 너무 단조롭다는 느낌이 들게 될지도 모를 일입니다.

따라서 우리 민족이 예로부터 가장 좋아하는 숫자인 3을 활용하여 세 가지로 나누어서 설명하는 트라이어드 기법을 활용한다면 좋은 스피치의 기법이 될 것입니다. 산만하지도 않고 단조로워서 무의미해지는 일은 없을 테니까요.

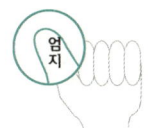

❶ 시작 단계
첫 번째 순서는 인사와 자기소개를 하는 단계입니다.

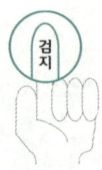

❷ 주제 선언 단계

두 번째 순서는 상황에 따라 호감 사기 혹은 관심 끌기를 한 후 '말할 것(주제)'에 대해서 말하는 단계입니다.

❸ 주제 전개 단계

세 번째 순서는 '말하겠다고 말한 것'에 대해 세 가지(triad)로 말하는 단계입니다.

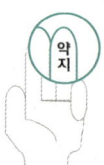

❹ 주제 반복 단계

네 번째 순서는 '말한 것'에 대해서 요약·정리하여 다시 말하는 단계입니다.

❺ 마무리 단계

다섯 번째 순서는 끝 인사를 하는 단계입니다.

▶▶▶ 실습 예문 1   트라이어드 기법 스피치의 활용

(상황) 갑자기 친목회 회장이 저에게 건강(성공, 행복)의 비결에 대해 한 말씀 해 달라고 요청합니다.

[엄지] ▶▶ **시작 단계**

    [예시] 안녕하십니까? 멋진 남자(여자) ○○○입니다.

[검지] ▶▶ **주제 선언 단계**

    [예시] 저는 오늘 '건강의 비결'에 대해 말씀드리겠습니다.

[중지] ▶▶ **주제 전개 단계**

먼저 핵심 요지 세 가지를 찾고, 우선순위를 정합니다. 가능하다면, 격이 같은 말로 해 줍니다. (글자 수를 맞춘 것)

    [예시] 첫째, **음식**을 골고루 먹어야 **합니다**.
             둘째, **운동**을 열심히 하여야 **합니다**.
             셋째, **수면**을 충분히 취해야 **합니다**.

> **finger tip**   격이 같은 말에 대한 설명
>
> 가능하다면 핵심 아이디어와 어미를 맞춰 줍니다. 예를 들어 '나의 인생관 세 가지; 성실 · 감사 · 봉사'라는 주제로 얘기하려고 할 때 첫 번째, '성실하게 살아가자는 것입니다.'라고 했다면 두 번째와 세 번째 모두 '○○하게(하며) 살아가자는 것입니다.'라고 음절 수를 고려하여 시작과 끝을 맺어야 한다는 것입니다. 그렇게 얘기할 때 말의 성의가 느껴지고, 품격이 느껴지게 됩니다.

> **finger tip** 우선순위에 대한 설명
>
> 핵심 요지 세 가지 중 가장 중요하다고 생각하는 내용은 마지막 세 번째에 놓고, 다음은 첫 번째, 그다음은 가운데 배열하면 됩니다.
> 제일 중요한 내용을 맨 마지막에 두는 이유는 최신성의 원리에 의해 우리 인간이 가장 최근에 들은 내용이 뇌리에 가장 오래 남기 때문입니다. 그리고 '초두 효과'라는 이야기가 있듯이 첫인상도 중요하게 작용하므로 다음으로 중요한 내용은 첫 번째에 놓게 됩니다.
> 그러나 예외적으로 청중의 주의를 확 끌어당겨야 하는 경우는 제일 중요하다고 생각하는 내용을 맨 앞에 두기도 합니다.

약지 》 주제 반복 단계

예시 저는 지금까지 '건강의 비결'에 대해 말씀드렸습니다.

소지 》 마무리 단계

예시 경청해 주신 여러분, 대단히 감사합니다.

▶▶▶ 실습 예문 2   트라이어드 기법 스피치의 활용

(상황) 모교 행사에 선배 내빈으로 방문했는데 갑자기 교장 선생님께서 저에게 후배들을 위해 도움이 될 만한 즉흥 연설을 해 달라고 요청하십니다.

엄지 ≫ 시작 단계

예시 여러분, 반갑습니다.
자랑스러운 모교 서라벌 고등학교 25기 졸업생 김현기입니다.

검지 ≫ 호감 사기(관심 끌기)와 주제 선언 단계

예시 사랑하는 후배 여러분을 만나게 돼서 대단히 반갑습니다. 교장 선생님께서 갑자기 '깜짝 특강'을 하라고 하시니, 당혹스럽습니다만, 후배들에게 조금이라도 도움이 되었으면 좋겠다는 마음으로 용기를 내서 이 자리에 섰습니다.

저는 오늘 여러분께 '스피치 능력 향상 방법'이라는 주제로 몇 말씀드리겠습니다.

중지 ≫ 주제 전개 단계

예시 스피치 능력 향상을 위한 방법 중 첫째는 '스피치를 배우고 익히라.'라는 것입니다. 스피치는 학습해야 합니다. 여건이 되신다면 꼭 스피치 교육 프로그램에 참석해 보시길 권해 드립니다.

둘째는 '자꾸 말로 표현해 보라.'라는 것입니다. 독서를 많이 했다고 해서, 그 내용이 말로 잘 풀려 나오느냐 하면 그렇지 않습니다. 말은 자꾸 말로 표현해 봐야 실력이 늘게 됩니다. 그리고 한 번 말했던 것은, 다음에 더 쉽게 말할 수 있게 됩니다.

셋째는 '시도하고 도전하라.'라는 것입니다. 스피치는 경험이 중요합니다. 그런데도 많은 사람이 스피치할 기회를 다른 사람에게 미루거나 피해 버리고 맙니다.

스피치는 성공의 기회입니다. 스피치할 기회를 다른 사람에게 미루거나 피해 버린다는 것은, 성공을 다른 사람에게 양도하거나, 성공을 뿌리치는 것과 다름없습니다. 미루지 말고, 피하지 말고, '연단 경험'을 꾸준히 쌓아 나가시길 바랍니다.

약지〉〉 주제 반복 단계

예시〉 지금까지 저는 여러분께 '스피치 능력 향상 방법'이라는 주제로 말씀드렸습니다.

소지〉〉 마무리 단계

예시〉 여러분, 여러분이 바라는 목표를 꼭 이루시고, 여러분이 선택한 분야에서 스피치 능력을 제대로 갖춘 탁월한 리더가 되시기를 바랍니다. 경청해 주신 후배 여러분, 대단히 감사합니다.

핑거 암기법

트라이어드 기법 스피치와 같이 우리가 스피치를 할 때 기본적으로 암기해야 할 핵심 요지가 있다면 여러분은 어떻게 하시나요?

여러분께 먼저 과제를 하나 드리겠습니다.

다음의 단어들을 순서대로 암기해 보시기 바랍니다.
(필자가 지금 떠오르는 대로 막 적어 본 것입니다.)

> 햄버거 / 손수건 / 공룡 / 호박 / 동전 / 잉크 / 미녀 / 삼겹살 / 휘발유 / 선생님 / 꿈 / 아인슈타인 / 바가지 / 기름

어떻습니까? 잘 외워지시나요?
대부분은 시도하다가 '쉽지 않네.'하며 고개를 절로 흔들게 될 것입니다.
무작정 외우려고 하니 정말 외우기 어려우시죠?

231

많은 분이 "나는 머리가 안 좋은 가봐."
"난 원래 암기력이 약해"하며 외우는 데 힘들어합니다.
이럴 때 무슨 좋은 방법은 없을까요?
쉽게 암기를 해낼 수 있는 뭔가 좋은 비책은 없을까요?

있습니다.
그것은 바로 **핑거 암기법**입니다.

핑거 암기법은 손가락 마디를 활용한 기발한 암기법입니다.

자, 그럼 핑거 암기법을 함께 살펴보겠습니다.

핑거 스피치는 우리 선현들의 지혜에서 필자가 힌트를 얻었습니다.
(우리 선현들은 사주를 볼 때 천간(天干)과 지지(地支)를 손가락과 손바닥에 대입한 지장법(指掌法)을 활용해 편리하고도 능숙하게 육십갑자와 나이를 알아냈습니다.)

● 핑거 암기법 요령

손가락 마디 수는 엄지가 2개이고 나머지 손가락은 3개씩입니다.
총 마디 수를 합하면 14개가 됩니다.

우리 한글의 자음 수도 바로 14개입니다.

한글 자음을 ㄱ에서부터 ㅎ까지 엄지 첫 번째 마디부터 소지의 마지막 마디까지 대입해 봅니다.

자음 자체로는 아무것도 연상되지 않으므로 각 자음을 의미 있는 단어로 만듭니다.

먼저 다음을 완벽히 익혀 두세요.

> 엄지 : **가**방/ **나**무
> 검지 : **다**리/ **리**어카/ **마**당
> 중지 : **바**지/ **사**이다/ **아**궁이
> 약지 : **자**전거/ **차**고/ **카**메라
> 소지 : **타**조/ **파**도/ **하**늘

앞으로 외울 것들을 이 단어들과 연관 지어 암기하면 언제나 순서대로 쉽게 떠올릴 수 있습니다.

자 그렇다면 앞에서 암기하려 했던 것을 **핑거 암기법**을 활용해서 외워 볼까요?

    1. **가방 - 햄버거**
       가방에 햄버거가 가득 담겨 있다.

    2. **나무 - 손수건**
       나무에 손수건이 묶여 있다.

3. **다리 - 공룡**
다리 위에 공룡이 걸어가고 있다.

4. **리어카 - 호박**
리어카에 호박이 가득 실려 있다.

5. **마당 - 동전**
마당에 동전들이 마구 떨어져 있다.

6. **바지 - 잉크**
바지에 잉크가 묻어 버렸다.

7. **사이다 - 미녀**
사이다 속에 미녀가 들어 있다.

8. **아궁이 - 삼겹살**
아궁이에 삼겹살을 굽고 있다.

9. **자전거 - 휘발유**
자전거에 휘발유를 실었다.

10. **차고 - 선생님**
차고에 선생님이 갇혀 계신다.

11. **카메라 - 꿈**
카메라로 꿈을 찍어 보자.

12. **타조 - 아인슈타인**
   아인슈타인이 타조를 타고 간다.

13. **파도 - 바가지**
   파도 위에 바가지가 둥둥 떠다니고 있다.

14. **하늘 - 기름**
   하늘에서 기름이 줄줄 내린다.

이렇게만 하면 모든 단어들이 순서대로 암기됩니다.
자, 이제 손바닥을 펼쳐 볼까요?

손가락 마디마디를 보며 각 마디의 키워드를 떠올리며 암기한 정보를 끄집어 내기만 하면 됩니다.

책을 읽는 지금은 마디별 키워드를 완전히 암기하지는 못했을 테니 일단은 암기한 내용을 아래 손마디 키워드를 보며 적어 볼까요? 핑거 암기법의 놀라운 효과를 경험해 보세요.

엄지
  가방 (   )
  나무 (   )

검지
  다리 (   )
  리어카 (   )
  마당 (   )

중지
바지 (　)
사이다 (　)
아궁이 (　)

약지
자전거 (　)
차고 (　)
카메라 (　)

소지
타조 (　)
파도 (　)
하늘 (　)

자, 어떻습니까? 아이큐가 몇 배 좋아진 것 같죠?

핑거 암기법은 스피치를 할 때는 물론이고, 일정관리, 협상 항목 체크, 회의 안건 체크 등 다양한 곳에 응용해 볼 수 있으며 심지어는 시장을 보러 갈 때도 쉽게 효과적으로 활용할 수 있을 것입니다.

내용 기억법에 대한 자세한 내용은 「김현기 교수의 파워 스피치 특강」 196쪽 제4강 스피치의 핵심 이론 '제8장. 내용 기억법'을 참고하시기 바랍니다.

43 판매 화법 스피치

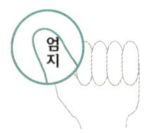

❶ 시작 단계
첫 번째 순서는 소속과 이름을 밝히고 상품 소개에 대한 양해를 구하는 단계입니다.

❷ 중요성 강조 단계
두 번째 순서는 판매 상품의 중요성(필요성)을 강조하면서 구체적인 상품 소개 단계로 진입하기 위한 준비 단계입니다.

❸ 상품 소개 단계
세 번째 순서는 상품 소개 단계로서 상품의 특징과 장점 등을 소개하는 단계입니다.

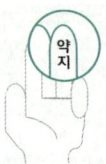

❹ 구매 유도 단계

네 번째 순서는 판매 상품이 좋은 상품임을 재강조하면서 구매를 유도하는 단계입니다.

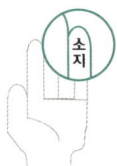

❺ 마무리 단계

다섯 번째 순서는 마무리 단계로서 구매 신청을 적극적으로 유도하는 단계입니다.

▶▶▶ **실습 예문**　　**판매 화법 스피치의 활용**

엄지　▶ **시작 단계**
　예시　안녕하십니까? 미미화장품의 ○○○입니다. 잠깐 안내 말씀드리겠습니다.

검지　▶ **중요성 강조 단계**
　예시　휴가는 잘 다녀오셨나요? 휴가철이 지나고 나면 특히 여성분들은 기미나 주근깨 등 화이트닝에 관심이 많으시죠. 간단하면서도 빠르고 신속한 효과를 보이는 화이트닝 제품이 정말 절실해지는 때입니다. 자외선에 노출이 많이 되셨기 때문에 이때 관리를 잘해 주셔야 합니다.

　따라서 미미화장품의 신제품 '애프터 베이케이션'을 소개해 드리고자 합니다.

중지　▶ **상품 소개 단계**
　예시
특징 1　미미화장품의 '애프터 베이케이션'은 스프레이 타입의 화이트닝 제품으로 남녀노소 상관없이 특히 여성들은 메이크업하신 상태에서 그대로 얼굴에 간편하게 뿌려주시기만 하면 됩니다.
특징 2　2~3일 후면 얼굴이 환해지는 것을 육안으로 느끼실 수 있을 만큼 빠른 효과를 자랑합니다.
특징 3　가격은 5만 원입니다. 그런데 현재는 10만 원에 세 개를 드리는 이벤트 행사를 진행 중입니다.

> **약지** **구매 유도 단계**

>> **예시** '애프터 베이케이션'을 써 보신 많은 분이 정말 만족해하시고 확실하고 빠른 미백 효과에 대해 하나같이 칭찬을 아끼지 않고 계십니다. 이번에는 특히 세 세트를 받게 되시니까 두고두고 쓰셔도 좋겠지만, 하나는 자신이 쓰고 나머지는 다른 분께 선물하셔도 좋겠습니다.

>> 여러분, 좋은 상품을 저렴하게 살 수 있는 절호의 기회입니다. 고민하지 마시고 지금 바로 사용해 보세요.

> **소지** **마무리 단계**

>> **예시** 감사합니다.
>> 구매를 원하시는 분은 지금 바로 신청해 주시기 바랍니다.

44 팔순 잔치 가족 대표 스피치

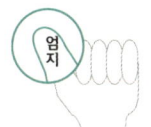
❶ 시작 단계
첫 번째 순서는 인사와 자기소개를 하는 단계입니다.

❷ 축하와 감사 단계
두 번째 순서는 팔순 축하와 내빈께 감사 인사를 하는 단계입니다.

❸ 주인공에 대한 공덕을 기리는 단계
세 번째 순서는 주인공에 대한 공덕을 기리는 단계입니다. 이때 과거·현재·미래의 시간적 구성법을 활용하여 주인공의 공덕을 기리면서 위로·존경·감사 등의 표현을 덧붙여 주면 더욱 효과적입니다.

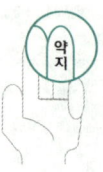
❹ 내빈에 대한 재감사 단계
네 번째 순서는 자리를 함께 해주신 내빈에 대해 재감사를 드리는 단계입니다.

❺ 마무리 단계
다섯 번째 순서는 끝 인사를 하는 단계입니다.

▶▶▶ 실습 예문 : 팔순 잔치에서의 가족 대표 스피치의 활용

엄지 ≫ 시작 단계
예시 안녕하십니까? 저는 오늘 생신의 주인공이신 저희 어머니 ○○○여사의 장남 ○○○입니다.

검지 ≫ 축하와 감사 단계
예시 오늘 저희 어머니의 여든 번째 생신을 축복하고 빛내 주시고자 이렇게 자리를 함께 해주신 친척 분들과 손님 여러분께 가족을 대표하여 진심으로 감사의 말씀을 드립니다.

중지 ≫ 주인공에 대한 공덕을 기리는 단계
예시 존경하고 사랑하는 어머님, 어머님의 생신을 진심으로 축하합니다. 어머님, 그동안 저희 4남매를 잘 키우시느라 정말 고초가 크셨습니다. 특히 재작년에 아버님께서 돌아가신 후에는 얼마나 어렵고 힘드셨습니까? **(과거)**

이제 저희 자식들과 손자 손녀들의 절을 받으시고, "그동안 검은 머리가 백발이 되도록 고생한 결실로 자식들이 이만큼 성장하고 번창했구나!"라고 생각하시면서 큰 위안을 삼으시기 바랍니다. **(현재)**

어머님! 인생의 5복 중에서 무병장수하는 것이 제일이라고 하였습니다. 앞으로 더 옥체를 돌보시면서 오래오래 사시길 바랍니다. 또한 저희 4남매, 사위, 손자 손녀들도 어머님의 큰 은혜에 보답해 드리고자 앞으로 더욱더 열심히 생활하고, 자식 된 도리를 다하겠습니다. **(미래)**

약지 **내빈에 대한 재감사 단계**

예시 끝으로 이 자리를 빛내 주시고자 함께 해 주신 친척 여러분과 손님 여러분께 다시 한 번 감사의 말씀을 드립니다.

소지 **마무리 단계**

예시 이것으로 제 말씀을 마칩니다. 감사합니다.

45 프러포즈 스피치

❶ 시작 단계
첫 번째 순서는 상대의 이름을 부르면서 분위기를 조성하는 단계입니다. 이때 상대의 표정, 의상, 액세서리, 헤어 스타일 등을 칭찬해 주면 효과적입니다.

예시 ○○ 씨! 오늘 ○○ 씨의 컬러풀한 의상이 정말 멋지십니다.

❷ 감정 표현 단계
두 번째 순서는 상대에 대한 나의 감정을 멋진 음악과 함께 과거·현재·미래의 시간적 구성법을 활용하여 표현하는 단계입니다.

예시 **과거**: ○○ 씨를 처음 볼 때부터 마음이 끌렸습니다.
　　현재: 바로 지금 이 순간 아름다운 ○○ 씨와 이렇게 함께 있을 수 있다는 사실이 무척 행복합니다.
　　미래: ○○ 씨는 사랑받기 위해 이 세상에 태어난 사람입니

다. 그 사랑을 제가 ○○ 씨의 곁에서 영원히 쏟아 부어 드리고 싶습니다.

> **finger tip** 시간적 구성법을 활용한 감정 표현
>
> 과거·현재·미래의 시간적 구성법을 통해 자신에게 이제는 없어서는 안 될 꼭 필요한 귀한 존재임을 상대에게 알려줍니다. 이때 상대에게 준비된 음악(당신은 사랑받기 위해 태어난 사람 등 분위기 있는 음악)이 있다면 분위기가 더욱 좋겠습니다. 이때 나의 반쪽임을 깨닫고 결혼을 결정하게 된 상대의 내면의 장점을 칭찬해 주면 좋습니다. 또한 그 장점은 앞으로 본인과 잘 조화를 이루어 행복한 결혼 생활로 이어질 수 있음을 강조해 준다면 금상첨화라 하겠습니다.

❸ 프러포즈 실행 단계

세 번째 순서는 사랑의 증표를 준비하여 상대에게 전해주며 프러포즈 멘트를 고백하는 단계입니다. 이때 무릎 꿇은 자세를 취한다면 더욱 신실해 보이겠지요?

예시 1 이 반지를 받아주세요. ○○ 씨와 영원히 함께 하고 싶습니다.
예시 2 이 반지를 받아주세요. ○○ 씨와 손 꼭 잡고 영원히 사랑하며 살고 싶습니다.
예시 3 이 반지와 꽃을 받아주세요. 매일 ○○ 씨와 아침 햇살을 맞이하고 싶습니다.

❹ 보충 단계

네 번째 순서는 분위기를 더욱더 고조시킬 수 있는 이벤트나 깜짝 쇼 등을 연출하는 단계입니다. 이때 폭죽, 풍선, 친구들의 축하 이벤트 등을 곁들이면 분위기가 한층 더 고조될 수 있습니다.

`예시` 친구들의 축가 공연, 이벤트 등.

❺ 마무리 단계

다섯 번째 순서는 다시 한 번 사랑의 고백으로 마무리하는 단계입니다.

`예시` ○○ 씨! 사랑합니다.

핑거로 풀어본 스피치 성격과 태도 유형

필자는 스피치 컨설턴트로서 다년간 스피치를 지도하고 교육해 오면서 스피치에 임하는 분들의 성격이나 태도 유형들을 유심히 관찰하게 되었습니다. 그 결과 연사들의 태도와 성격의 스타일들을 정리해본 결과 오묘하게도 핑거와 맞닿은 느낌이 들어 '옳거니, 핑거로 스피치 성격과 태도의 유형을 재정리 해보자.' 하며 무릎을 탁 쳤습니다.

스피치에 임하는 연사들의 유형을 핑거로 정리한 내용을 여러분께 전해 드립니다. 자신은 어떤 유형인지 살펴보시기 바랍니다.

1. 엄지 형

'나는 최고여야 한다.'라는 유형입니다. 목소리 톤도 크고 카리스마가 넘치기도 합니다. 적극적인 스타일로 좌중을 휘어잡기도 합니다. 하지만, 자칫 건방져 보일 수 있는 것이 흠입니다. 이런 분 중에는 완벽주의 성향이 짙어 겉으론 활달해 보이지만 속으로는 뜻밖에 연단 공포로 고민하기도 합니다.

2. 검지 형

이것, 저것 다양한 분야에 대한 지식과 상식이 풍부합니다. 말을 유창하게 잘하는 편이고 똑똑해 보이기도 합니다. 공식적인 스피치를 잘하는 편입니다. 논리적인 측면이 강하나 감성적인 측면에서는 취약합니다. 똑똑하긴 하지만 정이 덜 느껴지는 유형이라고 할 수 있죠.

3. 중지 형

생각이 많고 신중한 편입니다. 말의 표현이 다소 어눌한 편이며 평소에도 말수가 그렇게 많지 않습니다. 말하기보다 듣는 것을 좋아합니다. 하지만, 가끔 자신의 관심 분야에 대해서는 말을 쏟아 내기도 합니다.

4. 약지 형

논리적인 측면보다는 따뜻한 감성이 묻어나는 스피치를 잘합니다. 청중과 교감하는 것을 좋아하며 대화를 나누듯이 자연스럽게 얘기를 풀어나가는 정감 어린 호감형의 스타일이 많습니다.

5. 소지 형

얼핏 보기에는 소심해 보이고 소극적으로 보일 수 있습니다. 하지만, 분위기만 맞으면 말을 아주 재미있게 풀어내는 편입니다. 유머 감각과 언어 순발력도 있으나 자칫 민감한 성격이 불안과 긴장을 부추기기도 합니다.

여러분은 어떤 유형인 것 같나요? 획일적으로 이런 유형 또는 저런 유형이라고 단정을 지을 수는 물론 없겠지만 재미있는 성격 유형의 분류로 생각해 주시기 바랍니다.

그럼 '어떤 스타일의 연사가 최고의 연사일까?'에 대해서 종합적으로 정리해 보며 함께 생각해보도록 하겠습니다. 사람은 누구나 각기 다른 개성을 가지고 있습니다. '어떤 개성이 훌륭한 개성이냐?' 하는 것은 잘못된 질문일 것입니다.

모든 개성은 그 나름대로 매력과 장점을 가지고 있습니다. 훌륭한 스피치는 어떤 특정한 유형의 개성에서 나오는 것이 아니라, 어떤 개성이든 자신의 개성을 잘 살려 표현해내는 것에 있음을 강조하고 싶습니다. 그에 덧붙여 항상 청중을 위하고 존중하며 배려하는 마음을 갖춘 연사만이 최고의 연사로 꼽힐 수 있을 것입니다.

'머리는 차갑게, 가슴은 뜨겁게'란 말이 있습니다만 논리적인 지성과 풍부한 감성을 골고루 갖추고, 올바른 품성과 인격을 겸비한 훌륭한 연사가 되도록 함께 노력해 나가자고 말씀드리고 싶습니다.

46 학생회장 선거 연설 스피치

❶ 시작 단계
첫 번째 순서는 인사와 함께 자신의 기호와 이름을 밝히는 단계입니다.

❷ 출마 동기 표현 단계
두 번째 순서는 출마 동기, 배경 등을 밝히는 단계입니다.

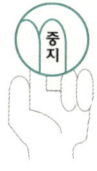
❸ 공약 제시 단계
세 번째 순서는 공약을 제시하는 단계입니다.

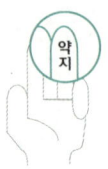

❹ 지지 호소 단계
네 번째 순서는 자기 공약의 우수성, 실현 가능성, 타 후보에 대한 상대적 우월성 등을 강조하면서 적극적인 지지를 호소하는 단계입니다.

❺ 마무리 단계
다섯 번째 순서는 희망적인 메시지와 함께 인상적인 끝 인사를 하는 단계입니다.

▶▶▶ 실습 예문   학생회장 선거 연설 스피치의 활용

엄지》 시작 단계

예시) 여러분, 안녕하십니까? 여러분의 일등 회장이 되고 싶은 기호 1번 ○○○ 입니다.

검지》 출마 동기 표현 단계

예시) 우리 학교는 복장 규율이 너무 엄격하여 많은 학생이 불편함과 불만을 토로하고 있습니다.

중지》 공약 제시 단계

예시) 우리 학교의 품위를 지킬 수 있고 학생 신분에 벗어나지 않는 선에서 시대에 뒤떨어지지도 않고 불편하지도 않을 만큼의 복장 규율 완화를 위해 실내화를 벗고 나서겠습니다.

약지》 지지 호소 단계

예시) 어떤 일이든지 일등으로 나서서 힘쓰는 학생회장이 되겠습니다. 여러분! 기호 1번 ○○○를 기억하고 꼭 뽑아 주십시오.

소지》 마무리 단계

예시) 그럼 회장이 되어서 이 자리에서 지금과 같은 밝은 모습과 힘찬 목소리로 인사드리겠습니다. 감사합니다.

47 행사 연설 스피치

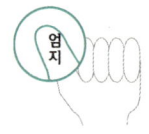

❶ 시작 단계
첫 번째 순서는 주최자, 관련자, 참석자 등에 대하여 인사를 하는 단계입니다.

❷ 행사의 의의 설명 단계
두 번째 순서는 행사의 의의, 필요성 등을 밝히는 단계입니다.

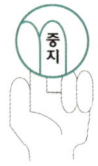

❸ 행사의 내용 소개 단계
세 번째 순서는 행사의 내용을 소개하는 단계입니다. 이때 팸플릿을 활용하여 행사에 관련된 세부 내용 등을 소개할 수도 있습니다.

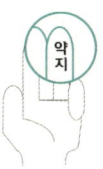

❹ 보충 단계
네 번째 순서는 당부 사항·협조 사항·요청 사항 등을 제시하는 단계입니다.

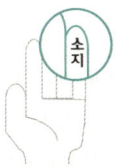

❺ 마무리 단계
다섯 번째 순서는 성공 기원과 함께 끝 인사로 마무리하는 단계입니다.

▶▶▶ 실습 예문 — 행사 연설 스피치의 활용

(상황) 체육관 완공에 따른 축사

엄지 ≫ 시작 단계

> **예시)** 여러분, 반갑습니다. 총 동문회장 ○○○입니다.
> 오늘 우리는 모교의 체육관 완공식을 거행하고자 이 자리에 모였습니다. 저는 오늘 이 뜻 깊은 자리를 빌려 공사간 다망하신 중에도 우리 모교에 대한 뜨거운 애정을 가지고 이 자리에 참석해 주신 선후배 동문 여러분과 내빈 여러분께 충심으로 감사의 인사를 드립니다.

검지 ≫ 행사의 의의 설명 단계

> **예시)** 우리가 이 자리에서 공부를 할 때만 해도 마땅한 체육관 시설이 없어서 비가 올 때는 실내 수업을 할 수밖에 없었고, 변변한 체육행사도 제대로 해보지 못했었습니다.
> 그런데 이제 우리 모교에도 이렇게 멋진 체육관이 완공되어 선배로서 무척 반갑고 기쁜 마음을 감출 수가 없습니다.
> 여러분, 체력은 국력이란 말이 있습니다. 그리고 지위가 높고, 아무리 돈이 많다고 해도 건강을 잃으면 아무 소용이 없습니다. 그런 뜻에서 체육관 건립은 의미가 더욱 큰 것입니다.

중지 ≫ 행사의 내용 소개 단계

> **예시)** 체육관의 건립 경위, 체육관의 규모, 내부 시설 현황, 체육관 이용에 대한 기대 효과 등에 대한 설명은 나누어 드린 팸플릿으로 대신하겠습니다.

약지 **보충 단계**

예시 사랑하는 후배 여러분! 아무쪼록 공부도 열심히 하고 이 멋진 체육관에서 체력도 튼튼하게 기르시기 바랍니다. 그리하여 여러분 모두 우리나라의 동량지재가 되시기를 진심으로 기원합니다.

소지 **마무리 단계**

예시 끝으로 오늘의 행사가 있기까지 물심양면으로 협조해 주신 선후배 동문 여러분과 공사 관계자 여러분, 교직원 여러분, 그리고 후배 여러분에게 감사의 인사를 드리면서 저의 축사를 마칩니다. 감사합니다.

48 화난 고객 상대 스피치

❶ 시작 단계
첫 번째 순서는 화가 난 상대의 말을 공감하면서 경청하는 단계입니다.

예시 그런 일이 있으셨군요! 속이 많이 상하셨겠습니다.

❷ 사과 단계
두 번째 순서는 경청으로 상황 파악이 되었으면 화가 난 상대에게 정중하게 사과하는 단계입니다.

예시 손님! 정말 죄송합니다.

> **finger tip** 사과
>
> 실수한 점에 대해 고객이 느끼도록 진심으로 사과의 표시를 해야 합니다. 허리를 숙여 2~3초 후에 천천히 허리를 폅니다. 특히 클레임에 대한 사과를 할 때는 45~60도의 정중한 인사가 좋습니다. 고객의 화가 다소 가라앉아야 대화가 시작될 수 있는 것입니다.

❸ 진정시키기 단계
세 번째 순서는 화난 고객을 다음과 같은 3단계로 진정시키는 단계입니다.

1단계 : 질문
고객의 의사를 최우선으로 한다는 입장에서 어떻게 하면 좋을지 고객에게 의견을 묻습니다.

> [예시] 손님! 어떻게 처리해 드리면 좋을까요?
> ('이렇게 해 드리면 되겠습니까?'가 아님을 유념해야 합니다.)

2단계 : 고객의 반응
고객의 의사를 듣고 수용 가능하다면 즉각 해결을 위한 행동으로 옮깁니다.

> [예시] 예! 알았습니다. 바로 처리해 드리겠습니다.

3단계 : 불만 처리

신속한 처리와 결과를 확인해 줍니다.

예시 손님! 일 처리가 완료되었습니다.

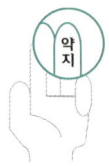

❹ 다시 사과 단계

네 번째 순서는 화난 고객에게 재차 정중히 사과하는 단계입니다.

예시 다시는 이런 실수가 없도록 온 정성을 쏟겠습니다.

❺ 마무리 단계

다섯 번째 순서는 화난 고객에게 사용에 이상이 없는지 확인하고자, 고객 감동을 위해 전화로도 정중히 사과하는 단계입니다.

예시 사용상의 불편함은 없으십니까? 그럼, 행복한 하루 보내시기 바랍니다. 상담원 ○○○이었습니다.

---

finger tip 화난 고객을 진정시키기 위한 다른 방법

화가 난 손님을 진정시키려고 나름대로 애를 썼는데도 진정을 못 시켰을 때 다음과 같은 세 가지를 바꾸어 보십시오. 그 하나는 얼굴이고, 또 하나는 장소이며, 마지막 하나는 시간입니다.

49 환송회 스피치

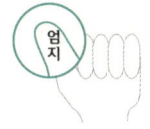

❶ 시작 단계
첫 번째 순서는 인사와 자기소개를 하는 단계입니다.

❷ 환송 행사 취지 설명 단계
두 번째 순서는 모임의 취지를 밝히는 단계입니다.

❸ 환송 소감 표현 단계
세 번째 순서는 주인공과의 이별에 대한 아쉬움을 표현하는 단계입니다. 이때 시간적 구성법을 활용하여 과거의 추억, 현재의 느낌, 미래의 발전 방향 등을 표현해 나가면 효과적입니다.

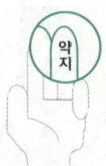

❹ 보충 단계
네 번째 순서는 격려와 성공을 기원하는 단계입니다.

❺ 마무리 단계
다섯 번째 순서는 끝 인사로 마무리하는 단계입니다.

> **실습 예문**　　**환송회 스피치의 활용**

엄지 ▶ **시작 단계**
　예시 안녕하십니까? 존경하는 ○○○ 선생님의 환송회 사회를 맡은 ○○○입니다.

검지 ▶ **환송 행사 취지 설명 단계**
　예시 '사랑한다'는 말 다음으로 세상에서 가장 아름다운 말은 '돕는다'라는 말입니다. 그동안 우리 자원 봉사 단체에서 항상 뜨거운 열정과 사랑의 마음으로 누구보다 앞장서서 이 아름다운 말을 실천하신 ○○○ 선생님께서 다음 달 국제단체로 자리를 옮겨 가시게 되었습니다.

중지 ▶ **환송 소감 표현 단계**
　예시 가슴 아픈 현실에 함께 울고, 작은 도움이라도 기꺼운 마음으로 나누며 함께 웃었던 봉사 현장에서의 소중한 시간이 생각납니다. (과거 즐거웠던 추억)
늘 우리에게 든든한 힘이 되어 주신 선생님의 환한 미소를 언제까지나 간직할 것입니다. (현재의 느낌)
이번 기회에 ○○○ 선생님께서는 우리나라뿐만 아니라 세계 곳곳에서 도움의 손길을 기다리는 사람들에게 한국의 온정을 널리 전할 수 있을 것입니다. (미래의 발전 방향)

약지 ▶ **보충 단계**
　예시 멀리 떨어져 있더라도 늘 마음만은 가장 가까운 곳에서 응원하겠습니다. 더 많은 사람에게 사랑과 희망을 나누어 주시고 더불어 그 환한 미소도 세계 곳곳에 전해 주시길 바랍니다.

소지 ▶ **마무리 단계**
　예시 감사합니다.

함축의 미학

스피치는 가능하면 짧고 함축적인 것이 좋습니다.

▶ 예시 1

　최초의 비행으로 유명해진 라이트 형제 중 형 윌버 라이트가 축하연에 초대 받았을 때, 그는 청중을 대상으로 인사말을 하게 되었습니다. 준비할 여유가 없이 갑자기 단상에 오르게 된 그는 다음과 같이 아주 짧은 인사말을 했습니다. 그러자 청중으로부터 뜨거운 환호와 박수갈채가 이어졌습니다.

　"신사 숙녀 여러분! 새 중에서도 말을 잘하는 앵무새는 그다지 잘 날지 못합니다. 반대로 저는 잘 날긴 하지만 말은 그다지 잘하지 못합니다. 여러분, 오늘 밤 즐겁게 보내십시오."

> 예시 2

영국의 수상이며 소설가, 화가로도 활동한 윈스턴 처칠의 옥스퍼드 대학 졸업식에서의 짧은 축사 내용입니다.

"포기하지 마라!"
그는 힘 있는 목소리로 이렇게 첫마디를 뗐습니다. 청중은 이제 이어질 그의 멋진 연설을 기대했고, 그는 다시 말했습니다.

"절대로 포기하지 마라!"
이것이 그의 졸업식 축사의 전문입니다.

50 재치 만점 '단발 스피치'

50.1 각종 축하 스피치

1. 개업 축하
개업 축하합니다. 저 열린 문으로 성공과 좋은 기운이 가득 들어올 것 같네요. 돈부자도 되시고, 마음 부자도 되십시오(되세요).

2. 결혼 축하
두 사람 보면서 둘이 정말 잘 어울린다는 생각이 들었는데 역시나 부부로 하나가 되셨네요. 두 분의 앞날에 행복이 가득하시길 바랍니다. 축하합니다.

3. 돌잔치 축하
아이가 엄마를 닮아서 참 눈이 맑고 아빠를 닮아서 웃는 모습이 참 밝네요. 첫 돌을 축하합니다.

4. 득남, 득녀 축하

정말 큰일을 해내셨습니다. 아드님(따님)이 부모님의 성품을 본받아 앞으로 곧고 예쁜 모습으로 건강하게 잘 자라나길 바랍니다.

5. 생일 축하

생일 축하합니다. 오늘은 바로 선생님이 주인공인 날입니다. 정말 즐겁게 지내시고, 언제나 생일처럼 즐거운 날이 되시기 바랍니다.

6. 승진 축하

그동안의 숨은 노고와 땀이 소중한 결실을 본 것 같습니다. 진심으로 축하합니다. 앞으로 더욱 일취월장해 나가시길 바랍니다.

7. 입주 축하

와~ 집이 정말 깨끗하고 아늑합니다. 이런 멋진 곳으로 이사하게 되셔서 무척 좋으시겠어요. 우리는 언제 이런 집에서 살아 보나 부럽네요. 입주를 정말 축하합니다.

8. 수상 축하

상이 주인을 제대로 알아본 것 같습니다. 정말 대단합니다. 축하합니다.

9. 친지의 자녀 입학 축하

아드님(따님)의 입학을 축하합니다. 얼마나 기쁘십니까? 두 분의 지극한 관심과 사랑이 오늘의 기쁜 소식을 만들지 않았나 생각합니다.

10. 친지의 자녀 졸업 축하

아드님(따님)의 졸업을 축하합니다. 어느새 이렇게 장성해서 사회로 나가게 되었네요. 아드님(따님)이라면 어디에 가서든 훌륭하게 한몫해낼 거라 믿습니다. 축하합니다.

11. 손아래 사람이나 친구의 졸업 축하

그동안 수고 많았다. 오늘 졸업식이 내일의 더 큰 도약을 위한 멋진 시작이 되길 바란다. 졸업 축하해.

12. 집들이(전세) 축하 - 집보다 가구 칭찬

집에 들어서자마자 깨소금 냄새가 가득히 풍겨오네요. 가구나 인테리어를 보니까 사모님의 감각이 남다르신 것 같습니다. 집들이를 축하합니다.

13. 퇴원 축하

고생 많으셨습니다. 건강해 보여서 다행스럽습니다. 앞으로는 병원에 문병은 오시더라도 입원은 하지 않으시게 늘 건강하시기 바랍니다.

50.2 그 외 여러 가지 상황 스피치

50.2.1 「―에게」

1. 기분이 나빠져 있는 친구에게

친구야, 너는 항상 멋있지만 웃을 때가 제일 멋있어. 그리고 네가 웃으면 나도 마음이 밝아지고, 네가 우울하면 내 기분도 그렇게 돼.

2. 사업을 시작한 분에게

모든 물이 바다로 흘러들어 가듯이, 세상의 돈들이 사장님께 흘러들어 갈 것이라고 믿습니다. 개업을 축하합니다.

3. 스피치를 앞두고 고민하고 있는 친구에게

친구야, 걱정하지 마. 펭거 스피치가 있잖아! 그래도 안 되면 스피치의 대가 김현기 교수님을 찾아가서 배우면 돼.

4. 시험에 떨어진 분에게

움츠렸다가 뛰는 개구리가 더 멀리 뛸 수 있다는 말처럼 앞으로 더 큰 성공이 기다리고 있다고 생각하세요.

5. 따지길 좋아하는 사람에게

선생님의 체계적이고 분석적인 모습을 닮고 싶습니다.

6. 실연한 친구에게

겨울이 있기에 봄이 더 소중하듯이 실연의 아픔이 있기에 앞으로의 사랑이 더욱 빛날 거야.

7. 소심한 사람에게

선생님의 신중함을 닮고 싶습니다.

8. 오랜만에 만난 사람에게

그리움이 쌓여서 재회의 다리로 이어졌나 봅니다. 이렇게 다시 만나 뵙게 돼서 정말 반갑습니다.

9. 외근 나갔다 들어온 선배에게

선배님, 고생 많으셨습니다. **(따뜻한 눈빛과 함께 한 마디의 따뜻한 인사말로 좋은 선후배 사이가 될 수 있습니다.)**

10. 병원에 입원해 있는 분에게(긍정적으로 얘기하고자 할 때)

이제 조금 안정을 찾은 듯이 보이네요. 금방 좋아지실 겁니다.

11. 옷을 멋있게 입고 나온 분에게

옷이 정말 멋있습니다. 패션도 능력인 것 같습니다. 얼굴만 봐도 눈부신데 옷마저 멋있어서 눈을 뜰 수가 없습니다(없네요).

12. 통화 중인데 휴대전화기가 울릴 때 통화 중인 상대방에게

죄송합니다. 잠시만 기다려 주시겠습니까? **(잠시 후)** 기다려 주셔서 감사합니다.

13. 통화 중인데 휴대전화기가 울릴 때 휴대전화기로 전화 건 상대에게
홍길동입니다. (상대 확인 후) 죄송합니다만, 지금 일반 전화로 통화 중이니, 통화가 끝나는 대로 바로 연락 드리겠습니다.

14. 금연 구역에서 담배를 피우는 사람에게
대단히 죄송합니다만, 여기서 흡연은 못 하게 되어 있습니다. 흡연 장소를 안내해 드리겠습니다.

50.2.2 「―하고 나서」

1. 선물을 받고 나서
당신을 만난 것만도 큰 선물인데 이렇게 따로 선물까지 주시다니 정말 감사합니다.

2. 음식 대접을 받고 나서
정말 맛있게 잘 먹었습니다. 음식은 맛있었고 분위기는 멋있었습니다.

3. 연인과 함께 영화를 보고 나서
우리 둘이 주연이 되는 멋진 사랑의 영화를 실제 삶에서 만들고 싶네요.

4. 신생아를 보고 나서
아기의 눈동자가 정말 초롱초롱하고 해맑아 보이네요.

5. 택시를 타고나서

안녕하세요, 기사님! 저는 ○○동까지 갑니다. 잘 부탁합니다.

50.2.3 「―할 때」

1. 데이트 신청할 때

오늘은 평생 다시 돌아오지 않는 소중한 날입니다. 이 소중한 날을 당신과 함께 보내고 싶습니다.

2. 상가 조문 위로할 때

갑자기 얼마나 놀라셨습니까? 정말 가슴이 아픕니다. 좋은 분이셨는데. 뭐라 드릴 말씀이 없습니다. 힘내십시오(힘내세요).

3. 새해 덕담할 때

돈, 건강, 행복, 사랑, 좋은 것들로만 가득 넘치는 새해를 맞이하시기 바랍니다.

4. 실직 위로, 사업 실패 위로할 때

너무 심려 마십시오. 전화위복의 기회가 되실 겁니다. 비가 온 뒤에 땅이 굳어진다는 말도 있지 않습니까(있잖아요). 앞으로 더 좋은 기회가 생길 거라고 확신합니다.

5. 연인과 이별할 때

○○씨는 저에게 과분한 사람이었어요. ○○씨와 만나는 동안 늘 즐거웠습니다. ○○씨! 앞으로 제 마음속에 소중한 추억으로 남아있을 거예요.

6. 다른 부서로 전화를 돌려줄 때

○○과로 전화를 돌려 드리겠습니다. 혹시라도 연결되지 않으면 ○○○- ○○○○으로 다시 전화해 주십시오, ○○과 직통 번호입니다.

7. 전화를 받았는데 아무 소리도 안 들릴 때

죄송합니다만 전화를 다시 걸어 주시면 고맙겠습니다. 전화가 들리지 않아서요. 그럼, 먼저 끊겠습니다.

8. 통화 중에 전화가 끊어졌을 때

조금 전에는 실례했습니다. 전화기에 문제가 있었나 봅니다. 죄송합니다.

9. 이메일로 첨부 파일만 보내기 미안할 때

스피치 바이블에 관심 가져 주신 선생님께 감사드립니다. 말씀드린 자료를 보내드립니다. 확인해 보시고 의문 사항이 있으시면 연락 주십시오. 항상 행복한 시간 보내시기 바랍니다. 감사합니다.

10. 자주 이야기 듣던 상대와 악수할 때

말씀 많이 들었습니다. 만나 뵙게 되어 정말 영광입니다. 잘 부탁합니다.

11. 사무실로 잘 모르는 손님이 찾아왔을 때

무엇을 도와 드릴까요? 찾으시는 분이 계십니까?

12. 오전에 인사했던 분과 복도에서 마주쳤을 때

또 만났네요. 어디 가는 중이신가요?
혹은 요즘 좋아 보이는데, 좋은 일 있으신가요?

13. 노래방에서 애창곡을 혼자 부르고 싶을 때
이 노래는 정말 의미 있는 노래입니다. 저 혼자 부르고 싶습니다.

14. 노래방에서 느린 템포의 노래로 전환하고 싶을 때
이번에는 열기도 식힐 겸 잠깐 쉬어가는 분위기로
발라드풍의 노래를 준비했습니다. ○○○의 ○○입니다.
(허은아 도움말)

15. 우리 회사에 대한 안 좋은 소문이 시중에 나돌고 있을 때
우리 회사에 대한 소문이 많은 걸 보니 우리 회사를 시기하는 사람이 많은 것 같습니다.

16. 아랫사람이 너무 피곤해 보일 때
일을 너무 열심히 했나 보군!
좀 쉬는 것이 좋겠어!

17. 부장님이 갑자기 늙어보일 때
부장님! 요즘 중후해 보이십니다.

18. 후배가 우스꽝스러운 옷을 입고 왔을 때
옷이 개성 있네!

19. 지난번에 보았을 때는 얼굴이 좋았었는데, 오늘은 야위어 보일 때
요즘 바쁘신가 봅니다. 선생님의 그 열정이 부럽습니다.
(그분이 바빴으니까 말랐겠군요! ^^)

20. 상사가 일을 주문해 놓고 기다리다 지쳐 화가 나서 비판적인 말로 "어이! 언제까지 기다리게 하는 거야."라고 할 때

("네, 5분만 더 기다려 주십시오."라고 얘기하는 것보다는) "네, 죄송합니다. 제가 진작 중간보고를 드렸어야 했는데요.… 5분 후면 끝날 것 같습니다."

21. 상대를 위해 뭔가 아첨의 말이 필요할 때

젊게 보이십니다(보이시네요). 선생님은 직장에서 인기가 많을 것 같아요. 선생님의 인기는 끊이지가 않을 것 같습니다(같군요).

22. "자기는 어때?"라는 질문에 상대와 같은 패턴으로 가고자 할 때

자기가 좋으면 나도 좋고, 자기가 싫으면 나도 싫어!

23. TV를 보면서 배우자가 누군가를 비난하거나 칭찬할 때

당신도 그래? 나도 (지금) 그런 생각이 들었거든! (원활한 부부관계를 위해 권장하는 1차 답변임.)

24. 배우자가 "나 요즘 힘들어!"라고 말할 때

(당신이 뭐가 힘드냐고 구박하는 것이 아니라) 당신 요즘 많이 힘들구나! 난 그것도 모르고, 정말 미안해!

25. 친구에게 빌린 돈을 갚을 것을 완곡하게 요구할 때

요즘 자네의 얼굴을 보고 있으면 지폐로 보여서 어쩔 도리가 없네. 왜 그럴까?

26. 집으로 초대한 손님을 맞이할 때

오늘은 당신이 오실까 생각하고, 몹시 기다리며, 아침부터 몇 번이나 시계만 보고 있었습니다.

스피치에서 '카이로스 효과' 란?

스피치에서 '카이로스(Kairos) 효과'란 똑같은 내용이라고 해도 때와 상황에 따라 청중에게 미치는 효과가 다르다는 것입니다. 그러기에 아무 때나 스피치를 하기보다는 적절한 시간과 적합한 상황에서 스피치를 하는 것이 스피치의 효과성을 높일 수 있는 것입니다.

청중이 경청할 준비나 여건이 되지 않은 어수선하고 혼란한 상황에서 연사가 청중에게 스피치를 시작한다면 우이독경이 되어 버리기 쉬울 것입니다. 청중이 연사의 메시지를 받아들일 만한 때와 상황에 이르렀을 때 스피치를 해야만 스피치의 효과가 극대화될 수 있죠.

이러한 스피치의 지혜는 역사가 아주 오래되었습니다. 고대 그리스 시절부터 프로타고라스를 비롯한 여러 수사학자에게서 강조되어왔습니다. 그리고 인류의 스피치 역사상 스피치의 카이로스 효과를 아주 잘 사용한 사람 중의 한 사람은 독일의 아돌프 히틀러였습니다. 그는 아무 때나 스피치를 하지 않았습니다. 스피치의 때와 상황을 치밀하게 고려했습니다. 사람들의 이성적 측면이 줄어들고 감성이 더 풍부해지는 땅거미가 질 황혼 무렵을 스피치할 때로 택해서 석양을 등지고 후광효과까지 노렸습니다.

제가 『파워 스피치 특강』에서도 매번 강조하고 있지만 스피치를 할 때는 언제나 청중을 생각해야 합니다. 그러려면 청중이 연사의 메시지를 잘 받아들일 수 있는 때와 상황, 즉 카이로스 효과를 고려해야 합니다.

Part 03
핑거 스피치 업그레이드

01 내용 표현 기법

1. 서론

1.1 서론에서 호감 사기, 관심 끌기, 이해 돕기를 합니다.
(호감 사기와 관심 끌기는 하지 않아도 되는 선택의 차원이라고 한다면, 이해 돕기는 반드시 해야 하는 필수의 차원입니다.)

1.2 서론은 비교적 상세하게 준비하여야 합니다.
그렇게 해야 방황과 반복을 피하고 깔끔하게 시작할 수 있기 때문입니다.

1.3 서론은 전체의 10~15%가 적당합니다.
예를 들자면 3분 스피치의 경우는 10~15%가 18~27초이므로 길게 한다 하더라도 30초를 넘지 않도록 유의해야 합니다. 그러나 예외적으로 청중이 연사의 얘기를 전혀 들을 준비가 안 되었을 경우는 전체의 50%까지 할애할 수 있습니다.

2. 본론

2.1 본론은 논리적, 구체적, 간결하게 말해야 합니다.

2.1.1 두괄식 어법을 활용합니다.
① '요지는…'으로 시작하는 화법.
　요지를 말하고 그 이유를 밝히는 '요지는', '왜냐하면', '예컨대', '그래서 …입니다(합니다. 등).' 화법을 활용합니다.

② '세 가지로 말씀드리겠는데요.'로 시작하는 화법(분항식 전개방법).
　첫째, …입니다(합니다. 등).
　둘째, …입니다(합니다. 등).
　셋째, …입니다(합니다. 등).

2.1.2 안내사를 잘 활용해서 문장과 문장을 최대한 부드럽게 이어줍니다.
　예고나 중간 예고와 같이 청중의 이해를 돕고, 내용 간의 관계를 부드럽게 연결해 주는 단어나 구 또는 문장을 안내사라고 합니다. 청중에게 자상하고 친절하다는 인상을 주고, 신뢰감을 주는 좋은 스피치를 하려면 적절한 안내사 사용이 필요합니다.
　안내사의 유형은 이러한 **중간 예고**(internal preview) 외에도 **논의 전환사**(transition), **중간 요약**(internal summary), **내용 이정표**(signpost)로 크게 4가지로 나눌 수 있습니다.
　이와 관련하여 안내사에 대한 짧은 설명을 드리자면,

그럼, 설명드릴 숫자 세 가지 중 첫 번째(**내용 이정표**) 1에 대해서 살펴보겠습니다. (**예고**) 지금까지 숫자 세 가지 중 1에 대해서 살펴보았습니다. 지금까지 드린 말씀을 요약하자면 … (**중간 요약**), 그럼, 다음은 숫자 세 가지 중 두 번째(**내용 이정표**) 2에 대해서 살펴보도록 하겠습니다. (**논의 전환사**)

내용 이정표는 이처럼 전체 가야 할 여정에서 어디쯤 가고 있다는 것을 청중에게 안내해 주는 역할뿐 아니라, 안전 운전을 당부하는 위험 표시와 같이 중요한 내용임을 알려 주는 구나 문장도 여기에 해당합니다. "오늘 저의 강의 중에서 다른 것은 다 잊더라도 여러분이 반드시 기억해야 하는 내용은 …", "제 얘기 중에서 오늘 가장 중요한 핵심은 …" 등의 표현이 여기에 속합니다.

2.1.3 가능한 핵심 요지는 세 가지, 많게는 네 가지로 말합니다.

왜냐하면, 다섯 가지가 넘어가면 우리의 기억 구조상 받아들이기가 곤란해지기 때문입니다. 반대로 핵심 요지가 한 가지나 두 가지라면 너무 단조롭고 무의미해질 수 있기 때문입니다. 그런데 핵심 요지가 부득이하게 세 가지가 넘어 아홉 가지가 되었을 경우는 세 가지씩 묶어 주면 효과적입니다.

2.1.4 우선순위를 정합니다.

핵심 요지 세 가지 중 가장 중요하다고 생각하는 내용은 마지막 세 번째에 놓고, 다음은 첫 번째, 그다음은 가운데 배열하면 됩니다. 제일 중요한 내용을 맨 마지막에 두는 이유는 최신성의 원리에 의해 우리 인간이 가장 최근에 들은 내용이 뇌리에 가장 오래 남기 때문입니다. 그리고 '초두효과'라는 이야기가 있듯이 첫인상도 중요하게 작용하므로 다음으로 중요한 내용은 첫 번째에 놓이게 됩니다. 그러나 예외적으로 청중의 주의를 확 끌어당겨야 하는 경우는 제일 중요하다고 생각하는 내용을 맨 앞에 두기도 합니다.

2.1.5 격이 같은 말로 합니다.

가능하다면 핵심 요지와 어미의 음절 수를 맞춰줍니다. 예를 들어 '나의 인생관 세 가지' : '성실', '감사', '봉사'라는 주제로 얘기하려고 할 때 첫 번째, '**성실**하게 살아가자는 **것입니다**.'라고 했다면 두 번째와 세 번째 모두 'ㅇㅇ하게(하며) 살아가자는 **것입니다**.'라고 음절 수를 고려하여 시작과 끝을 맺어야 한다는 것입니다. 그렇게 얘기할 때 말의 성의가 느껴지고, 품격이 느껴지게 됩니다.

2.1.6 핵심 요지를 말할 때마다 주제를 계속 언급해 줍니다.

제가 이 영화를 여러분께 추천해 드리고자 하는 두 번째 이유는 '영화의 영상이 좋아서입니다.', **제가 이 영화를 여러분께 추천해 드리고자 하는 마지막 세 번째 이유**는 '배우의 연기가 좋아서입니다.'

만약 위와 같은 경우 긴 강연에서 둘째, 셋째, 이렇게만 얘기를 해 준다면 처음부터 주의 깊게 듣지 않은 청중은 무엇에 대한 둘째, 셋째인지 모를 수 있기 때문입니다.

3. 결론

3.1 결론에서는 종료 신호(결론의 서두), 요점 재강조(결론의 본체), 결언(결론의 결론)으로 짧고, 강하고, 여운이 남게 멋지게 끝냅니다.

요점 재강조와 결언이 꼭 하지 않아도 되는 선택의 차원이라면 종료 신호는 반드시 해야 하는 필수 요소입니다.

3.1.1 종료 신호를 알려 주어야 합니다.

비행기를 타고 어느 곳에 갈 때 착륙 직전 방송을 통해 "우리 비행기는 잠시 후 ○○공항에 도착할 예정이오니 승객 여러분께서는 …"과 같은 안내 방송이 흘러나오듯이 연사는 본론이 끝나고 결론으로 들어가게 되면 이제부터 결론에 들어섰다는 것을 즉 "이제 마쳐야 할 시간이 되었습니다."와 같이 청중에게 알려 주어야 합니다. 왜냐하면, 갑작스런 끝맺음은 청중을 당황하게 하고, 연설을 망치는 결과를 가져올 수 있기 때문입니다.

3.1.2 요점을 재강조합니다.

청중이 본론에서 놓쳤을지 모를 핵심 요지에 대해 결론 부분에서 다시 한 번 언급해 줍니다. 그럼으로써 연사는 친절하고 자상하다는 인상을 심어줄 수 있습니다.

예) **다시 반복하자면**, 제가 이 영화를 여러분께 추천해 드리고자 하는 이유는 **첫째**, 배우의 연기가 좋아서 **둘째**, 작품의 내용이 좋아서 **셋째**, 영화의 영상이 좋아서입니다.

3.1.3 멋진 결언으로 짧고, 강하고, 여운이 남는 마무리를 합니다.

결언을 우리의 전통 악기에 비유해서 징소리에 비유함은 매우 적절한 표현입니다. 본론에서 꽹과리와 장구 소리처럼 계속적인 음성표현을 하였다면, 결론 중에서도 결론에 해당하는 결언에서는 징소리처럼 크고 우렁차면서도 긴 여운을 남기며 끝마쳐야 한다는 것입니다.

내용 표현 기법의 활용

엄지 ▶ 자기소개

> 안녕하십니까? 멋진 남자(여자) ○○○입니다.
> (호감 사기, 관심 끌기를 한 후 이해 돕기를 합니다.)

검지 ▶ 이해 돕기(말할 것을 말하라.)

> 저는 오늘 여러분께 '추천하고 싶은 영화(책, 식당⋯)'
> (이)라는 주제로 말씀드리겠습니다.　　　　(여기까지가 서론)

중지 ▶ 가능하면 세 가지로 말하라.

> 제가 여러분께 추천해 드리고 싶은 영화(책, 식당⋯)는(은) ○○○입니다.
> 제가 이 영화(책, 식당⋯)를(을) (여러분께) 추천해 드리고자 하는 이유를 세 가지만 말씀드리자면,
> 첫째는 〈많이 중요〉 (⋯하기 때문, 이라는 것)입니다.
> 그리고 제가 이 영화(책, 식당⋯)를(을) (여러분께) 추천해 드리고자 하는 두 번째 이유는 〈조금 중요〉 (⋯하기 때문, 이라는 것)입니다.
> 마지막으로 제가 이 영화(책, 식당⋯)를(을) (여러분께) 추천해 드리고자 하는 세 번째 이유는 〈가장 중요한 이유〉 (⋯하기 때문, 이라는 것)입니다.
> 　　　　　　　　　　　　　　　　　　　　(여기까지가 본론)

 말한 것을 말하라.

저는 지금까지 '추천하고 싶은 영화(책, 식당…)'라는 주제로 말씀드렸습니다. (다시 반복하자면~ 첫째,~ 둘째,~ 셋째,~ 입니다.)

소지 >> 끝 인사

경청해 주신 여러분, 감사합니다.　　　　　(여기까지가 결론)

▶▶▶ 실습 예문 | 내용 표현 기법의 활용

주제 : 추천하고 싶은 영화

1. 서론

(정 호흡을 하며 청중을 쭉 둘러본 후 멘트) 안녕하십니까?
우리의 영화를 사랑하는 남자(여자) ○○○ 입니다. (허리 숙여 인사)
1) **호감 사기**: 늦은 시간에도 자신의 자아개발을 위해 애쓰시는 여러분을 뵐 때 존경하는 마음이 앞섭니다.
2) **관심 끌기**: 여러분, 영화 좋아하시지요?
3) **이해 돕기**: 저는 오늘 여러분께 '추천하고 싶은 영화'라는 주제로 말씀드리겠습니다. (충분히 사이를 두고 본론으로

2. 본론

1) **주제문**: 제가 여러분께 추천해 드리고 싶은 영화는 '행복'입니다. (두괄식 어법)
2) **이유 세 가지**: 제가 이 영화 '행복'을 여러분께 추천해 드리고자 하는 이유를 세 가지만 말씀드리자면, (아래의 밑줄 친 부분은 격이 같은 말로 음절 수를 맞춘 것입니다.)

　(1) <u>첫째</u>는 <u>배우의 연기</u>가 좋아서입니다. (말을 할 때는 [조:아섬니다.]로 발음합니다.)
　　이 영화 '행복'의 주인공은 연기력과 흥행력을 겸비한 스타 배우 황정민(영수 역)과 임수정(은희 역)입니다.
　　먼저 모델 출신인 임수정은 제가 개인적으로 호기심이 많은 배우입니다. 그녀의 때 묻지 않은 청순한 연기가 무척 마음에 들기 때문입니다.

그리고 배우 황정민은 영화 '바람난 가족'에서 열연한 배우로서 극 중 성격에 맞게 연기를 잘 소화해 내는 멋진 배우입니다.

　　그리고 제가 이 영화 '행복'을 여러분께 추천해 드리고자 하는
(2) **두 번째 이유**는 작품의 내용이 좋아서입니다.
　　이 영화 '행복'에 나오는 두 명의 주인공 모두 환자로 등장합니다. 배우 황정민은 간경변증 환자로, 임수정은 중증 폐질환 환자로 나옵니다. 이 영화는 사랑의 양면성을 잘 나타내 준 영화입니다. 즉 몸이 아픈 사람들이 생기 있게 연애하는 모습을 통해 사랑이 얼마나 사람을 행복하고도 달콤하게 만드는 것인지, 또 이별 장면에서는 사랑이 얼마나 씁쓸하고 현실적인지 잘 보여주고 있습니다. 한마디로 표현하자면 사랑의 쓴맛, 단맛을 잘 버무린 영화라고 할 수 있겠습니다.

　　제가 이 영화 '행복'을 여러분께 추천해 드리고자 하는
(3) **세 번째 이유**는 영화의 영상이 좋아서입니다.
　　영화의 영상이 전반적으로 좋았지만, 특히 폐질환 환자 임수정이 죽으려고 뛰다가 더는 뛰지 못하고 낙엽이 뒹구는 바닥으로 쓰러질 때의 영상은 한마디로 예술적입니다. 카메라 앵글이 임수정의 눈을 따라 옆으로 그대로 따라 움직이는 영상은 영화 '행복'을 한 차원 높게 끌어올렸습니다. 숨이 차면 죽을 수도 있는 중증 폐질환 환자 임수정이 황정민의 '떠나 달라.'라는 야속한 말에 죽으려고 아픈 가슴을 움켜쥐며 언덕을 향해 뛰는 모습이 영상으로 안타깝게 그려집니다.

3. 결론

1) **종료 신호** : 저는 지금까지 '추천하고 싶은 영화'라는 주제로 말씀드렸습니다.

2) **요점 재강조** : 다시 반복하자면 제가 '행복'이라는 영화를 여러분께 추천해 드리는 이유는
   첫째, 배우의 연기가 좋아서
   둘째, 작품의 내용이 좋아서
   셋째, 영화의 영상이 좋아서입니다.

3) **강한 여운** : 여러분, 이번 주말 사랑하는 사람과 함께 좋은 영화 한 편에 빠져 보는 것은 어떨까요? 끝까지 경청해 주신 여러분, 감사합니다.
   (허리 숙여 인사 후 정면을 다시 바라보고 퇴장 - 화룡점정)

> **finger tip** **화룡점정**
> (양 나라 때의 화가 장승유가 용을 그린 뒤 마지막으로 눈동자를 그려 넣었더니 그 용이 홀연히 구름을 타고 하늘로 날아 올라갔다는 고사에서) 무슨 일을 하는 데 가장 중요한 부분을 완성함을 이르는 말.

음성 표현 기법
02

1. 서론에서는 특히 여유를 갖고 천천히 시작해야 합니다.

　연사들 대부분이 문장의 서론 부분에서 가장 많은 긴장을 합니다. 우리 몸은 긴장하면 그 긴장을 방어하고자 에너지가 필요해집니다. 많은 긴장을 했다면 많은 양의 에너지가 필요해 질 것입니다. 에너지는 간이나 근육에 있는 글리코겐이라고 하는 영양소와 산소가 결합하여 만들어집니다. 그런데 산소는 호흡으로 만들 수 있으므로 많은 양의 에너지는 많은 양의 호흡이 필요해집니다.

　우리가 긴장 상황에서 호흡이 가빴던 이유가 여기에 있습니다. 그런데 만일 이 상황에서 말까지 빨리하려고 한다면 호흡은 더 바빠질 것입니다. 즉 우리의 몸은 최대 위기 상황에 직면하게 됩니다. 따라서 이때는 의도적으로 정(正)호흡을 하며 천천히 시작해야 합니다.

> **finger tip** 정 호흡
>
> 숨을 충분히 들여 마신 상태에서 말을 할 때가 바로 정(正) 호흡의 상태입니다. 물론 숨을 밖으로 다 내뿜은 상황에서도 말은 나오지만, 힘 있는 목소리를 기대하긴 어렵죠.
>
> 왜냐하면, 호흡은 발성의 에너지 원천이기 때문입니다. 즉 호흡을 자동차의 휘발유에 비유한다면 연료가 가득 찬 상태의 운행이 바로 편안한 정 호흡에 비유될 수 있으며, 기름이 거의 없어 경고등이 들어온 상태의 불안한 운행은 우리가 숨을 밖으로 다 내보내고서도 몸속에 기본적으로 남아 있는 잔여 호흡량으로 말하는 것이라고 설명할 수 있겠습니다.
>
> 따라서 불안하고 떨리는 목소리보다 자신 있고 힘 있는 목소리를 원한다면 평소 숨을 충분히 넣고 말하는 정 호흡을 습관화해야 합니다. 연료를 넣고 주행하듯이 숨을 충분히 채우고 말을 합시다.

2. **끝나지 않은 서술 정보는 끝을 살짝 올려주고, 한 발화 구간은 한 들숨으로 말해 줍니다.**

예를 들어, '옛날⌒ 어느 나라에/ 학문과 지혜를 숭상하는 어떤 왕이⌒ 있었습니다.'라는 문장에서 끝나지 않은 서술 정보는 끝을 올려주라는 얘기는 밑줄 친 '날'과 '에' 그리고 '는'과 '이'의 끝을 살짝 끌어 올려주라는 것입니다. 또한 한 발화 구간은 한 들숨으로 말해 주라는 의미는 한 들숨을 취한 후 '옛날~'부터 '~왕이 있었습니다.'까지 비교적 빨리 당겨서 늘어짐 없이 말하라는 것입니다.

3. 그날의 발표 주제, 인명과 같은 중요한 단어나 어구 등 핵심 요소를 '액자어'라고 하는데, 이러한 액자어는 가능한 한 좀 더 크게, 좀 더 또박또박, 좀 더 천천히 말함으로써 변별성을 강화시켜 주는 것이 좋습니다.

예를 들어, '저는 오늘 건강의 비결에 대해 말씀드리겠습니다.'의 문장에서 '건강의 비결'은 액자어로서 좀 더 크게, 좀 더 또박또박, 좀 더 천천히 말해야 좋다는 것입니다.

4. 문장과 문장이 전환되는 서론과 본론, 본론과 결론 사이에서는 포즈(pause)를 잘 살려 주의를 집중시켜주어야 합니다.

> 저는 오늘 건강의 비결 세 가지에 대해 말씀드리겠습니다. (서론)///포즈
> 건강을 위해서는 첫째, …, 둘째, …, 셋째, …입니다. (본론)///포즈
> 저는 지금까지 건강의 비결에 대해 말씀드렸습니다. (결론)

위 예문에서 살펴본 바와 같이 문장과 문장이 전환되는 서론과 본론, 본론과 결론 사이, 또한 강조하고 싶은 낱말 전에서는 포즈(pause)를 취해 주어야 청중의 주의를 집중시킬 수 있다는 것입니다.

5. 습관적으로 의미 없이 일정한 리듬을 타는 말의 '어조'를 없애려면 말의 의미를 잘 파악하여 말해야 합니다.

우리가 말을 하다 보면 자기의 의도와는 관계없이 기계적인 말투, 변화없는 말투, 지루한 말투, 힘없는 말투로 바뀌게 되는 경우가 있습니다. 이러한 바르지

못한 화법은 말의 뜻을 살려 말하지 못하는 데서 비롯됩니다. 따라서 말을 할 때에는 말의 고저, 강약, 완급, 쉼, 장단 등의 리듬을 잘 살려 기쁠 때는 기쁘게, 슬플 때는 슬프게 연기자와 같이 말해야 합니다.

6. 보상적 장음화를 실행해서 말합니다.

말을 할 때 의미를 삭감하지 않는 범위에서 음운이나 음절을 생략하는 경우가 많습니다. 이러면 생략된 단어를 생략되기 전의 단어의 길이만큼 길게 발음을 해주는데 이것을 보상적 장음화라고 합니다. 대표적인 예가 '하여'와 '되어'입니다.
- 하여 → [해:], 하여서 → [해:서], 하였으며 → [했:으며], 하였고 → [했:고], 하였습니다 → [했:습니다.]
- 되어 → [돼:], 되어서 → [돼:서], 되었으며 → [됐:으며], 되었고 → [됐:고], 되었습니다 → [됐:습니다.]
  예외) 그러나 다음과 같은 단어는 음절이 생략되었어도 길게 발음하지 않습니다.
- 오아 → [와], 지어 → [저], 찌어 → [쩌], 치어 → [쳐].

7. 글말과 입말을 구분해야 합니다.

이름이 '이영애입니다'로 쓰여 있더라도, 말로 표현할 때는 [이영앰니대로 해야 합니다. 마찬가지로 '김현기 박사입니다'는 [김현기 박쌈니대, '자리입니다'는 [자림니대, '저입니다'는 「점니다」로 음운이나 음절을 생략하여 발음합니다.

293

8. 쉼(pause)을 잘 살려 표현해야 합니다.

쉼은 강조기법에서도 다루고 있지만, 쉼(pause)을 잘 활용하면 스피치가 빛나게 됩니다. 쉼은 다음과 같은 세 가지로 활용됩니다.

(도움말 백미숙)

첫째, 강조 전에 활용합니다. (예문) 우리에게 필요한 것은 / **사랑**입니다.
둘째, 동격 전에 활용합니다. (예문) 우리나라 / **대한민국**은 정말 아름답습니다.
셋째, 동사 전에 활용합니다. (예문) 끝까지 함께 하기를 / **바랍니다**.

특히, 동사 전에 활용하는 쉼을 잘 활용하게 되면 말이 더 격식 있게 그리고 품위 있게, 세련되게 느껴집니다.

하나 더 예를 든다면, '끝까지 경청해 주신 여러분! 대단히 / **감사합니다**.'

위에서 살펴본 쉼(pause) 이외에도 말의 리듬을 살리려면 고저, 강약, 장단, 완급 등이 있습니다. 더 자세한 내용은 『김현기 교수의 파워 스피치 특강』 130쪽 제3강 스피치의 나침반 '제5장. 스피치의 3대 원칙'을 참고하시기 바랍니다.

9. 강세(accent)는 표현하고자 하는 자리에 정확히 주어야 합니다.

왜냐하면, 어떤 경우는 똑같은 말인데도 불구하고 어느 부분을 강하게 강조하느냐에 따라 뜻이 달라지기도 합니다. 예를 들어 다음 문장을 살펴볼까요?

"철수는 어제 집에서 자장면을 시켜먹었습니다." (영희가 아니라 철수였구나!)
"철수는 어제 집에서 자장면을 시켜먹었습니다." (오늘이 아니고 어제였구나!)
"철수는 어제 집에서 자장면을 시켜먹었습니다." (사무실이 아니라 집에서구나!)
"철수는 어제 집에서 자장면을 시켜먹었습니다." (우동이 아니라 자장면이었구나!)
"철수는 어제 집에서 자장면을 시켜먹었습니다." (가서 먹은 것이 아니라 시켜먹었구나!)

위에서 살펴본 높임 강조 이외에도 낮춤 강조, 느림 강조, 멈춤 강조 등이 있습니다. 더 자세한 내용은 『김현기 교수의 파워 스피치 특강』 96쪽 제2강 스피치 기초 훈련의 '제5장. 강조 기법'을 참고하시기 바랍니다.

10. 동격 표현과 1·2·3단계 점층 화법 등을 잘 활용하여 음의 단조로움을 탈피해야 합니다.

10.1 동격 표현

의미를 강조하려면 비슷한 단어의 나열로 대부분은 뒤의 단어를 크게 발음하여 강조하지만, 부정적인 의미가 있는 단어나 의미상 뒤의 단어가 소극적인 의미일 때는 예외적으로 앞의 단어를 크게 발음하여 강조합니다. (cf. 강조에는 이처럼 크게 발음하는 높임 강조 외에 낮춤 강조, 느림 강조, 혼합 강조 등도 있습니다.)

1) 삼천리/ **금수강산**(뒤의 단어 강조),
2) 나의 조국/ **대한민국**(뒤의 단어 강조),
3) **자유**가 아니면/ 죽음을 달라(앞의 단어 강조),
4) 아침엔 **소나기**가/ 저녁엔 이슬비가(앞의 단어 강조)

10.2 1·2·3 단계 점층 화법

3단계 발성으로 뒤로 갈수록 점점 크게 소리 내어 말하는 법입니다.

여러분 가운데 노예가 좋~아서/ 노예가 될 사:람이 있겠습니까?//
(1단계 : 자신의 음성을 최대 100으로 보았을 때 30의 음성)

로마 사람이 아니기를/ 원:하는 사:람이 있겠습니까?//
(2단계 : 자신의 음성을 최대 100으로 보았을 때 60의 음성)

나라를 사랑하지 않는 사:람이/ 어디 있겠습니까?//
(3단계 : 자신의 음성을 최대 100으로 보았을 때 90의 음성)

11. '의'의 발음을 정확하게 조음해야 합니다.

'의'의 표준 발음은 [으이]입니다. 그러나 이것은 쓰이는 환경에 따라 [으이], [이], [에]로 발음하는 것도 허용하고 있습니다.
  1) 단어의 첫머리에 '의'가 온 경우는 '으이'로 발음합니다.
    의논 → [으이논], 의미 → [으이미], 의심 → [으이심]
  2) 단어의 첫머리 이외에 오는 '의'는 [이]로 발음함도 허용합니다.
    강의 → [강:의/ 강:이], 의의 → [의:의/ 으이이], 협의 → [혀븨/ 혀비]
  3) 조사 '의'는 [에]로 발음함도 허용합니다.
    우리의 → [우리의/ 우리에], 강의의 → [강:의의/ 강:이에]
    ※ 민주주의의 의의?
    → [민주주으이으이 으이으이/ 민주주이에 으이이]
  ● 그러나 '의'가 자음을 첫소리(초성)로 가진 경우는 [이]로 발음합니다.
    즉, 희망 → [히맹], 무늬 → [무니], 띄어쓰기 → [띠어쓰기]

03 신체 표현 기법

1. 표정

　연기자의 심정으로 기쁠 때는 기쁘게, 슬플 때는 슬프게 표현해야 합니다. 그리고 내가 감동 받았을 때 다른 사람도 감동·감화시킬 수 있다는 것을 유념해야 합니다. 특히 우리 한국어는 주어가 생략된 술어 중심의 언어이기에 표정 연기는 더욱 중요하게 여겨지는 것입니다.
　표정 연기가 정말 일품이었던 영국의 희극 배우 찰리 채플린이 인기 절정에 있을 때 기차 고장으로 어느 마을에 묵게 되었는데 마침 그곳에서 축제의 하나로 '채플린 흉내 내기 대회'가 열리고 있었습니다.
　호기심이 동한 채플린은 자신의 신분을 감추고 일반 참가자가 되어 대회에 참석했는데 결과는 3등이었습니다. 두 명의 가짜가 1, 2등을 하고 정작 자신은 3등을 한 것입니다. 물론 실화입니다. 그에 대한 한 화가의 해석이 재미있습니다. 진짜는 진짜이기 때문에 그럴 필요가 없지만, 가짜는 항상 진짜처럼 보이고자 진짜같이 보이는 노력을 하기 때문에 나온 결과라는 것입니다.

여러분! 그럴듯하지 않습니까?

우리도 실제 연기자는 아니지만, 연기자인 척해 본다면 실감 나게 표정 연기가 잘되지 않을까요?

2. 제스처

우리의 신체는 입보다 더 많은 말을 한다는 말이 있습니다. 영어로는 '바디 랭귀지(body language)', 우리말로는 '신체언어, 몸 말'이라고 부르기도 합니다.

스피치를 할 때는 음성만으로 커뮤니케이션하는 것이 아니라 몸 말로도 다양한 메시지를 전하는 것이며, 오히려 몸 말이 입말보다 훨씬 더 큰 영향을 미친다는 연구 결과도 있습니다. 또한 '입으로는 거짓말을 할 수 있지만, 신체는 거짓말을 하지 못한다.'라는 말도 있습니다. 그만큼 스피치에 있어서 몸 말은 큰 중요성을 지니며, 제스처는 표정이나 자세와 더불어 다양한 메시지를 나타내게 됩니다.

제스처 중에서도 손가락은 섬세한 신체 기관이기 때문에 더욱더 다양하면서도 세밀한 표현을 할 수 있습니다. 그래서 스피치나 일상생활의 커뮤니케이션에서도 많이 쓰이게 됩니다.

존 에프 케네디는 스피치를 할 때, 중요하다고 생각되는 대목에서는 검지를 세워 보였습니다. 그러면 그 부분을 청중이 더 주의를 기울여 듣게 되는 강조 효과가 생기겠죠.

손가락은 어떤 모양새를 취하느냐에 따라 여러 의미를 나타내지만 나라에 따라 다르게 표현되기도 합니다. 예를 들면 최고를 나타낼 때 우리는 엄지를 치켜

세우지만, 미국 사람들에게는 엄지를 치켜세우는 것이 '좋다', '괜찮다'라는 의미를 나타냅니다. 그런데 이 모양이 이라크에서는 경멸을 뜻하게 됩니다. 그리고 다른 손가락은 편 채 엄지와 검지로 둥근 모양을 만들어 보이면 우리나라는 주로 돈의 뜻으로 쓰이지만, 미국에서는 'OK'의 의미로 쓰입니다. 그런데 브라질 여성에게는 외설적인 표현으로 받아들여지게 된다고 합니다.

검지로 자신의 이마를 톡톡 두드리면 우리나라에서는 표정에 따라 '골치 아프네.' 혹은 '머리를 써야지.' 등의 의미로 쓰이지만, 미국에서는 '똑똑하다.'라는 뜻으로, 네덜란드에서는 제정신이 아니란 의미로 쓰입니다. 따라서 외국인을 상대로 제스처를 쓸 때는 그 나라의 문화적 특성을 미리 알아 둘 필요가 있습니다. 그래야 쓸데없는 오해를 불러오지 않겠지요.

우리나라에서는 '애인 있느냐?'라고 물을 때 소지(새끼손가락)를 세워 보이지만, 미국인들에겐 이것이 '하찮은 것'이란 의미로 받아들여지게 됩니다.
승리를 표현할 때 우리도 검지와 중지를 활용해서 V자를 그립니다. 그런데 외국인들에게 쓸 때는 손바닥이 상대 쪽을 향하면 '승리'의 뜻이 되지만 반대로 손등이 상대 쪽으로 향하면 '경멸'의 의미가 되어 버리므로 유의해서 표현해야 합니다.

손가락을 움직이는 습성도 나라에 따라 달라지는 모습을 보이기도 합니다. 숫자를 카운트할 때 우리나라는 먼저 손을 편 다음 엄지손가락부터 하나씩 굽히며 세는 데 비해 미국인들은 주먹을 움켜쥔 다음 하나씩 펴면서 세는 모습을 보입니다.
인류의 음성 언어 발생 이전부터 존재했던 신체언어는 아직도 큰 영향을 발휘하고 있습니다. 효과가 큰 만큼 적극적으로 활용하되 문화적 특성과 차이를 고려해서 지혜롭게 사용해야 할 것입니다.

3. 자세

3.1. 스피치의 등단 자세(스피치의 소리 없는 시작)

엄지 ≫ **등단 준비**

구두 · 헤어 · 복장 등을 단정히 점검하여 등단을 미리 준비하고 있어야 합니다. 특히 의상은 말 없는 자기소개서라고 할 만큼 첫인상을 좌우하게 되므로 단정하게 신경 써야 합니다. 예를 들어 상의 단추는 채우는 것이 예의이므로 미리 채우고 있어야 합니다. 즉 채우면서 등단하는 일이 없도록 하기 위함입니다.

참고로 단추가 세 개인 경우는 위에서부터 두 개만 채우고, 두 개인 경우는 한 개만 채웁니다.

검지 ≫ **구분된 동작**

호명이 되면 우선 자리에서 일어나 바로 선 다음, 무대를 향해 나가고자 방향을 바꾸어 주는 것이 순서입니다. 그런 다음, 무대의 중심이나 연단 위에 탁자가 놓인 경우는 탁자까지 적당한 걸음걸이로 침착하게 걸어나갑니다. 즉 자리에서 일어나면서 연단을 향해 나오는 구부정한, 엉거주춤한 상태를 만들지 말라는 것입니다.

한 동작이 끝났을 때 다음 동작을 진행해야 반듯한 인상을 심어 주게 됩니다.

중지 ▶ **시선 수평 유지**

이때 시선은 연단을 향해 수평을 유지해야 하며, 팔은 가볍게 흔들어 줍니다. 고개를 숙이고 나오는 모습과 팔을 붙이고 나오는 모습은 자신 없는 모습으로 비치게 됩니다.

약지 ▶ **마이크 조정**

연설용 탁자에 있는 마이크의 높이를 조정하거나 혹은 빼서 손에 들고 사용합니다. 이때 마이크는 가능하면 왼손에 듭니다. 왜냐하면 오른손을 사용하는 사람이 많아서 마이크를 왼손에 들어야 오른손으로 판서하거나 제스처를 사용할 수 있기 때문입니다. 마이크는 아랫입술 밑으로 조정해서 얼굴을 가리지 않도록 신경 써야 합니다.

그리고 마이크를 빼서 손에 쥘 경우 마이크의 중간 정도를 잡는 것이 보기가 좋습니다. (마이크에 따라 위치가 다르긴 하겠지만, 흔히 접하는 유선 마이크는 중간에 스위치가 있습니다.) 즉 스위치가 엄지에 닿을 수 있는 위치 정도면 적당합니다.

또한 마이크를 쥘 때는 손가락을 비스듬하게 만들어 마이크를 쥔 손에 힘을 빼는 것이 좋습니다. 너무 꽉 쥐어 정권이 선명하게 드러나게 되면 힘이 들어가 보여 자연스러움을 잊게 됩니다.

소지 ▶ **끝 인사**

마이크 조정이 끝나면 청중을 2~3초간 천천히 쭉 둘러본 후 연설용 탁자에서 뒤로 한 걸음 물러나 혹은 탁자 옆으로 나와 허리를 숙여 인사합니다. 물론 연설용 탁자가 없는 경우에는 무대의 중앙에서 같은 방법으로 허리를 숙여 인사하면 됩니다.

이때 자신의 시선이 발끝에서부터 청중 방향으로 1.5~2m 정도(약 45~60도 정도)가 되었을 때 약 1~2초간 멈추어 줍니다. 그럼으로써 정중한 느낌을 청중에게 줄 수 있습니다. 또한 연사에게는 청중의 박수를 충분히 받을 수 있는 이점이 있습니다.

인사를 할 때 또 한 가지 유의할 사항은 미소를 머금은 얼굴로 청중을 대하라는 것입니다. 즉 허리를 숙였을 때는 오만 가지 인상(?)을 다 썼다 하더라도 허리를 펴고 청중을 대할 때는 환한 미소로 밝은 표정을 지어야 좋은 분위기를 이끌어 갈 수 있습니다.

finger tip 스피치의 등단 자세

연설용 탁자가 연사의 키와 비교했을 때 높다고 생각이 든다면, 혹은 연사가 인사를 하고자 뒤로 한걸음 물러날 때 무대 조건상(청중석이 무대보다 낮은 경우) 청중이 연사의 모습을 잘 볼 수가 없다고 판단될 때는 옆으로 나와서 인사를 합니다.
이때 연설용 탁자의 앞 쪽(청중이 볼 때 가까운 쪽) 끝 선과 연사의 발끝이 일치하면 더욱 보기 좋습니다. 또 한 가지 유념해야 할 점은 인사가 끝난 후 연설용 탁자로 다시 돌아갈 때 등을 보이지 않도록 합니다. 즉 돌아서 등을 보이며 들어가지 말고 옆으로 걸어서 비스듬히 들어갈 수 있도록 합니다.
변화의 과정에는 어색함이 뒤따릅니다. **스피치의 등단 자세**가 익숙하고 자연스러운 자세가 될 수 있도록 반복 연습·훈련하시기 바랍니다.

3.2. 스피치의 연단 자세(우리의 몸은 입보다 더 많은 말을 합니다.)

엄지 》 기본자세

인사가 끝난 후 호흡을 가다듬으며 연단에서의 기본자세를 갖춥니다. 즉 고개는 들고 어깨와 허리는 펴고, 양발은 어깨너비 정도로 벌려 안정된 자세를 취합니다. 이때 초보자일수록 자기도 모르는 사이에 짝 다리를 취하거나 어깨에 쓸데없이 과도한 힘이 들어갈 수 있으므로 주의해야 합니다.

이것에 대한 하나의 해결 방법을 제시하자면 그것은 양쪽 엄지발가락에 지그시 힘을 주는 것입니다. 그렇게 함으로써 한쪽 다리에 힘이 쏠리는 짝 다리도 예방할 수 있고, 어깨에 힘이 들어가는 것도 막을 수 있습니다. 어깨와 발가락 두 곳 모두 힘을 줄 수 없으므로 우리의 눈에 보이지 않는 발가락 끝에 힘을 주는 것은 어깨에 들어갈 힘을 빼는 하나의 방법이 됩니다. 직접 활용해 보시기 바랍니다.

검지 》 손 처리

연단 경험이 거의 없는 초보자일수록 스피치를 할 때 손을 어떻게 처리해야 좋을지 난감해하며 거추장스럽다는 표현을 많이 합니다. 그렇지만 익숙해지면 거추장스럽던 그 손은 스피치의 절대적인 도우미가 됩니다. 연단에서의 손의 위치는 다음과 같은 세 가지로 나눌 수 있습니다.

첫째, 바지 재봉 선에 주먹을 가볍게 말아 쥐는 경우입니다.
둘째, 제스처를 쓰는 경우입니다.
셋째, 연설용 탁자 끝머리에 손가락을 살며시 올려놓는 경우입니다.

이상 세 가지 손의 위치를 번갈아 가며 잘 활용해 나간다면 손은 발표를 돕는 스피치의 절대적인 도우미가 될 것입니다.

〖중지〗 시선 처리

　시선은 청중을 골고루 쳐다보는 것을 원칙으로 하지만, 처음 잠깐은 표정이 밝고 부드러운 청중을 보고 1대 1로 대화하는 기분으로 스피치를 하는 것이 긴장 해소 등 여러모로 도움이 됩니다. 그러나 잠깐임을 유념해야 합니다.

　그리고 다른 사람으로의 시선 이동에 대해서는 시간 단위가 아닌 문장 단위로 이동해야 바람직합니다. 즉 2~3초 간격처럼 시간을 정해 놓고 기계적으로 시선을 이동하는 것이 아니라 문장 단위로 한 문장이 끝났을 때 시선 이동을 하라는 것입니다.

〖약지〗 표정 관리

　밝은 표정을 기본으로 하지만 연사는 연기자처럼 얘기하라는 말이 있듯이 슬픈 얘기를 할 때는 슬픈 표정을, 기쁜 얘기를 할 때는 기쁜 표정을 지어야 합니다. 연사가 먼저 감동 받지 않으면 청중에게 감동을 줄 수 없습니다. "연사라는 성냥개비에 불이 붙어야 청중이라는 장작에 불을 붙일 수 있다."라는 말이 있습니다.

〖소지〗 제스처

　제스처는 보통 시작·완성·복귀의 과정을 거칩니다. 그러나 모든 제스처에 적용되진 않습니다. 왜냐하면 제스처의 생명은 자연스러움에 있기 때문입니다. 따라서 시작·완성을 거쳐 복귀로 가지 않고 바로 다음 제스처로 갈 수도 있다는 말입니다.

　그리고 스피치를 할 때 청중을 보고 스피치를 하듯이 제스처를 사용할 때 역시 청중을 보고 제스처를 하는 것이 자연스럽다고 생각합니다. 단, '그 빨대의 모양이 이렇게 휘어져 있었어.' 등과 같이 제스처의 모양을 보지 않고는 짐작하기 어려운 묘사와 같은 표현을 제스처로 사용할 때는 손끝을 바라보는 것이 자연스러울 수 있습니다.

3.3. 스피치의 하단 자세(스피치의 소리 없는 마지막)

엄지 ▶▶ 청중에게 인사

스피치가 끝난 후 지금까지 자신의 얘기를 잘 경청해 준 청중에게 감사의 뜻을 담아 감사의 눈빛으로 청중을 쭉 둘러보고 정중하게 인사를 합니다.

검지 ▶▶ 정면을 다시 응시

청중에게 인사 후 유념해야 할 사항은 정면을 다시 쳐다보고 자리로 향해야 한다는 것입니다. 인사 후 바로 자리로 향하게 된다면 등단 자세에서 설명했던 '한 동작이 끝났을 때 다음 동작을 진행하라.'라는 말에 어긋나는 자연스럽지 못한 엉거주춤한 행동이 나오기 때문입니다.

중지 ▶▶ 시선 수평 유지

하단 시 시선은 등단 자세와 마찬가지로 수평을 유지해야 하며, 팔은 가볍게 흔들어 줍니다. 고개를 숙이고 나오는 모습과 팔을 붙이고 퇴장하는 모습은 자신 없는 모습, 소극적인 모습으로 비치게 됩니다. 발표를 만족스럽게 마친 연사로서의 환한 표정을 지어 주어야 합니다. 왜냐하면 청중은 최신성의 원리에 의해 연사가 맨 마지막에 보여준 그 표정이 기억 속에 가장 선명하게 오래 남아 있기 때문입니다.

약지 >> **착석**

자리에 도착 후 방향을 틀고 차분하게 앉습니다.

소지 >> **여운**

청중이 연사로부터 감동한 만큼 연사가 자리에 앉고 난 후에도 계속 주시하고 있다는 사실을 잊어서는 안 됩니다. 끝까지 방심하지 않는 태도가 중요합니다.

〈 WOWSPEECH 참고 〉

위에서 살펴본 표정 연기와 제스처 이외에도 시선 처리, 자세 등이 있습니다. 더 자세한 내용은 『김현기 교수의 파워 스피치 특강』 252쪽 제5강 스피치 트레이닝 '제9장. 신체 표현'을 참고하시기 바랍니다.

| 에필로그 |

허버트 스펜서는 "정돈되어 있지 않은 지식은 많으면 많을수록 사고의 혼란만 더해준다."라고 말했습니다. 훌륭한 스피치가 되려면 횡설수설해서는 안 됩니다. 말할 내용이 제대로 정돈되어 명쾌하게 표현되어야 합니다.

지금까지 우리는 『핑거 스피치』를 통해 말할 내용을 손가락에 대입해 정돈해 보는 방법을 알아보고 또 실제로 스피치 훈련도 했습니다. 이런 연습 과정은 실제 상황에서 유용하게 사용할 수 있을 것입니다.

하지만 무엇보다도 중요한 것은 평소에 연습과 훈련을 열심히 해야 한다는 것입니다. 평소의 땀방울들이 모이고 쌓여서 스피치 실력이란 멋진 탑이 완성되는 것입니다. 『핑거 스피치』를 통해 여러분이 스피치에 대한 자신감을 얻고, 다양한 스피치 상황에서도 두려워하지 않고 적절한 말을 적절한 때에 적절하게 표현할 수 있길 바랍니다. 그리하여 여러분 모두 스피치의 형식이나 조직 순서 따위를 초월할 수 있는 최상의 경지에 이르시기 바랍니다.

실제적인 트레이닝을 받고 싶으신 분은 필자가 강의하고 있는 경기대학교 사회교육원의 문을 두드려 주시기 바랍니다. 성경 말씀을 인용하며 마무리하고자 합니다. "두드리라. 그러면 열릴 것이다."

| 참고문헌 |

강태완 외(2002), 『토론의 방법』, 커뮤니케이션북스.
권정혜, 이정윤, 조선미(1998), 『수줍음도 지나치면 병』, 학지사.
김광해, 박호영, 신명선(2007), 『고등학교 화법』, 형설출판사. p.43. p.163.
김경호, 황병수(2006), 『리더십을 키우는 참 좋은 이미지』, 연.
김상준(2007), 『스피치 커뮤니케이션』, 역락. p. 215.
김석호(2007), 『발성훈련과 화술』, 숲속의 꿈.
김양호(2005), 『대중화술』, 한국언어문화원. p.28.
＿＿＿(2005), 『개인화술』, 한국언어문화원. pp.14~15.
김은성(2007), 『마음을 사로잡는 파워스피치』, 위즈덤하우스.
김정규, 정연옥, 오강섭(1994), 대인 공포증 집단의 게슈탈트 심리치료, 성신여
　　　　자대학교 학생생활연구소, 『학생생활 논집』, 제17권.
김천희(2003), 『유아웅변교육의 이론과 실제』, 교육과학사.
김철회(2003), 『원앤원』, 경향미디어.
＿＿＿(2005), 『고급과정 교재』, 한국인성개발원.
김충성(2007), 『김충성의 폭소 유머』, 도서출판 편.
김태옥(2004), 『리더들의 화술』, 다예미디어.
김현기(2006), 『김현기 교수의 파워 스피치 특강』, 고요아침.
＿＿＿(2006), 성인들의 발표불안 감소를 위한 스피치 프로그램 개발과 그 효과
　　　　에 관한 연구, 한국 화법학회 학술대회 발표 자료.
＿＿＿(2007), 『스피치 휘날리며』, 대학교 사회(평생)교육원 교재.
＿＿＿(2007), 『김현기 교수의 파워 스피치 특강』(개정증보판), 고요아침.
나카지마 다카시(2005), 박현석 역, 『당당하고 자신 있는 유쾌한 표현술』, 동해

출판.
나탈리 로저스(2003), 강헌구 역, 『토크 파워』, 한언.
다카이 노부오(2003), 은미경 역, 『3분력』, 명진.
더그 스티븐슨(2005), 임지은 역, 『청중의 마음을 사로잡는 화술 무작정 따라하기』, (주)도서출판 길벗.
데일 카네기(2006), 최염순 역, 『카네기 스피치 & 커뮤니케이션』, 씨앗을 뿌리는 사람들.
로리 베스 존스(2006), 송경근 역, 『기적의 사명 선언문』, (주)한언.
류석우(2004), 『세계 최고의 명강사를 꿈꿔라』, 씨앗을 뿌리는 사람.
모튼 쿠퍼(2002), 강태헌 역, 『목소리를 깨워라, 사람을 바꿔라』, 파피에.
민영욱(2003), 『성공하려면 말부터 바꿔라』, 한비미디어.
박경애(1999), 『인지행동 치료의 실제』, 학지사.
박경현(2002), 『리더의 화법』, 삼영사.
박경현 외(2006), 『리더와 말 말 말』, 역락.
박양신(2008), 『Yes를 이끌어 내는 직장인을 위한 말 잘하는 법』, 도서출판 새빛. p.104. p.127.
박형익 외(2008), 『한국 어문 규정의 이해』, 태학사.
백두현(2007), 『매니저를 위한 리더십 스피치』, 도서출판 분지.
백미숙(2006), 『스피치 특강』, 커뮤니케이션북스.
새생활연구회(2000), 즐거운 비법 대화술, 태을출판사.
신재철, 송현종(1992), 『발표불안 감소를 위한 집단 상담 프로그램 개발』, 전남대학교 학생생활연구소.
오길현(2005), 『발표능력향상과정』, 서울특별시 공무원교육원.
윌리엄 장(2003), 『자신을 리모델링하라』, 무한.
용혜원(1998), 『새 날을 여는 기도 365』, 도서출판 양피지.
＿＿＿(2005), 『함께 있으면 좋은 사람 1』, 책만드는집.
이상주(2007), 『설득은 안타도 홈런을 만든다』, 미래를 소유한 사람들.
이정숙(2006), 『성공하는 여자는 대화법이 다르다』, 더난출판사.
＿＿＿(2008), 『성공하는 직장인은 대화법이 다르다』, 더난출판사.
이주행 외(2004), 『화법 교육의 이해』, 박이정.

이주행 외 8인(2008), 「고등학교 화법」, 금성출판사.
임중기(2005), 『발표능력향상과정』, 서울특별시 공무원 교육원.
임태섭(2003), 『스피치 커뮤니케이션』, 커뮤니케이션북스.
전영우(2003), 『화법 개설』, 도서출판 역락.
_____(2004), 『스피치와 프레젠테이션』, 민지사.
정순인(2004), 『성공하는 사람은 스피치에 강하다』, 갑진.
정영숙(2006), 『성공과 행복을 가져오는 공감적 커뮤니케이션 기술』, 높은 오름.
정성취(2006), 『스피치성공클럽(SSC) 교재』.
조원환(2002), 『스피치와 프리젠테이션』, 갑진.
차배근(2007), 『고등학교 화법』, (주)지학사. pp.61~62. p.80. pp.200~201.
파울 크리거・한스-위르겐 한첼(2000), 백미숙 역, 『스피치 핸드북』, 일빛.
피터 데스버그(2005), 이시훈, 정의철 역, 『스피치의 기술』, 커뮤니케이션북스.
하우석(2005), 『상대를 내 뜻대로 움직이는 발표의 기술』, 한국경제신문 한경BP.
해사편저(2003), 『봉수야 그만 좀 웃겨』, 해사유머경영연구원.
허은아(2007), 『눈치코치 직장매너』, 지식공작소.
후쿠다 다케시(2000), 손석호 역, 『신 말하기에 성공하는 책』, 행담. p.197. p.246.

참고한 인터넷 사이트

김태옥(2007), 자기표현 세상 동영상 강좌 http://cafe.daum.net/33speech
　　　　　자기표현세상/자기표현 노하우 31, 8) 먼저 뼈대를 세우라.
김홍수(2005), 스피치119 (http://cafe.daum.net/gospeech)
이길호(2001), 세지말 (http://cafe.daum.net/sejimal)
임준환(2004), 임준환박사스피치 (www.myspeech119.co.kr)
임중기(2003), 와우 스피치 온라인 종합강좌6강, 14강, 32강(www.wowspeech.com)
장철진(2003), 크리라 스피치 교육원 (www.krira.co.kr)
정성취(2002), 스피치성공클럽, CANI 유머스피치
　　　　　　　　　　　　　　(http://cafe.daum.net/speech2002)
주준수(2005), 동아일보 사이버 문화센터 (www.dongacc.com)
강치원(2007), C&M 시사교양 28회, 33차
　　　　　(http://sm1.cnm.co.kr/isu/newtv_vod_list.asp?p_no=61&kind_class)

부록 1

사회(평생)교육원 강의 주별 강의 내용과 개강 인사말

강의 계획서

특강 내용은 변경될 수 있습니다.

- **강 좌 명** : 리더스 스피치 과정
- **담당 교수** : 김현기
- **연 락 처** : 010-2272-6188
- **홈 페이지** : 스피치바이블닷컴 (http://www.speechbible.com)
- **이 메 일** : speech@speechbible.com

리더스 스피치 과정 교수 요목

　우리가 스피치를 배우고 익히는 세 가지 이유를 살펴봅니다. 즉 첫째, 인간관계 개선을 위한 방법을 모색해 봅니다. 둘째, 설득 화법을 연구해 봅니다. 셋째, 자신의 의사 전달을 정확하게 하려는 방법을 알아봅니다.
　이러한 일련의 과정들을 이론적인 바탕 위에서 스스로 실천해 봄으로써 원활한 인간관계와 설득의 기술을 터득할 수 있을 것입니다. 또한 논리적인 사고력과 확실한 자기 의사 표현력을 기를 수 있게 될 것입니다.

강의 주별 : 강의 내용

주	내용
1주	과정 소개, 스피치의 중요성, 불안 극복 기법 및 자기소개 스피치
2주	스피치를 배우는 목적과 마음가짐
3주	스피치의 3대 원칙과 효과적인 스피치를 위한 조건 세 가지
4주	인간관계 개선을 위한 방법 (3성실 주의/ 행복한 인간관계의 비결 등)
5주	인간관계 개선을 위한 방법(2) (화난 고객 진정시키기/ 부드러운 커뮤니케이션 스킬 등)
6주	설득 화법 (설득의 3 법칙/ 3변주의/ 설득의 3단계·5단계/ 양자택일 등)
특강	설득의 심리학
7주	설득 화법(2) (판매 설득을 잘하기 위한 방법, 화술의 설득력 높이기 등)
특강	유형별 인간관계 및 커뮤니케이션 전략 (머리형/ 가슴형/ 장형)
8주	영상 촬영 및 분석 평가
특강	고통, 심리적 한계 등
1박 2일 워크숍	MBTI, TA 분석 등
9주	자신의 의사를 전달하려는 방법 (글말 즉 내용 표현으로서 3·4·5단계 구성법)
10주	자신의 의사를 전달하려는 방법(2) (입말과 몸 말 즉 음성 표현과 신체 표현)
특강	이미지 메이킹
11주	서론 (호감 사기, 관심 끌기, 이해 돕기)
12주	본론 (논리적, 구체적, 간결하게)
13주	결론 (짧고, 강하고, 여운이 남게)
특강	면접 스피치
14주	템플리트 스피치 (사회 보기 스피치/ 선물을 줄 때와 받을 때의 스피치/ 모임 마무리 스피치)
15주	스피치 경연 대회 (영상 촬영과 분석 평가)
교재	『김현기 교수의 스피치 휘날리며』/『김현기 교수의 파워 스피치 특강』/ 『핑거 스피치』

김현기 교수의 파워 스피치 특강

● **강/ 의/ 안/ 내** : 김 현 기 교수 (H.P : 010-2272-6188)
　　　　　　　　(15주 과정 매 학기 초(3월, 9월) 개강) 현재 접수 중

● **경기대학교 사회교육원** 리더스 스피치 과정 - 서울 캠퍼스
　• 강의 시간 : 매주 수요일 오후 7시~10시
　• 강의 문의 : 02 - 390 -5260

경기대학교 사회교육원 리더스 스피치 과정 개강 인사말

여러분! 반갑습니다.
리더스 스피치 과정 강의를 맡은 김현기 교수, 인사드립니다. 한 학기 동안 여러분과 함께하게 돼서 정말 기쁜 마음입니다.
스피치 능력은 성공의 필수 조건입니다. 따라서 성공의 필수 조건을 갖추려고 이곳 **경기대학교 사회교육원**에 오신 여러분은 이미 성공의 고지를 향해 나섰으며, 나서고 있고 또 나설 분이시기에 이미 성공인이라고 불러도 무방한 분들이라고 확신합니다.

여러분!
이번 학기에 여러분과 더불어 많은 것을 연구하고 훈련하고 싶지만, 시간 제약 때문에 다음과 같은 세 가지 분야에 국한해서 중점적으로 학습하고자 합니다.
첫째, 인간관계 개선을 위한 방법을 모색해 보고,
둘째, 설득화법을 함께 연구하고자 합니다.
세 번째는 자신의 의사를 정확하게 전달하려는 방법에 대해 살펴보고자 합니다.

이러한 과정을 통해서 우리가 갖추어야할 지적 능력과 리더십 능력, 그리고 리더로서 필요한 스피치 능력 등을 함께 배양해 나갈 수 있을 것으로 확신합니다.
강의 내용은 그동안 학원과 문화센터, 각종 기업체와 공공단체, 대학교 사회교육원 등지에서 강의를 진행해 오면서 수정 보완한 내용이기에 강사 지망생이나 현재 강사이신 분께서 활용하신다면 더욱 큰 도움이 되시리라고 생각합니다.
아무쪼록 여러분의 **리더스 스피치** 과정의 입학을 진심으로 환영하면서 여러분의 멋진 꿈과 목표를 향한 힘찬 전진을 기원합니다.
이것으로 저의 개강 인사를 마칩니다. 감사합니다.

주임 교수 김 현 기 드림

[부록 2]

저자 김현기에 대하여

01 핑거 스피치로 풀어본 김현기 교수의 강의와 삶

교육과 관련해 제가 걸어온 여정과 저의 마음가짐, 그리고 저의 꿈에 대한 얘기를 들려 드리는 것이 독자 여러분과 더 친근해 지는 계기가 되지 않을까 싶어 함께 차 한 잔 나누는 느낌으로 말씀을 드리고자 합니다. 그리고 조금이라도 여러분이 삶의 성공을 이루시는 데 도움이 되길 바랍니다. 이 내용도 핑거 스피치 기법에 대입해서 풀어 보도록 하겠습니다.

❶ 엄지 : 최고

여러분, 엄지를 높이 치켜들어 보십시오. 그리고 '나는 최고다.'라고 외쳐 보십시오. 어떤 느낌이 드십니까? 여러분은 자신을 어떻게 생각하시나요? 자신을 최고라고 생각하십니까?

스피치 교육 분야의 입문을 앞두고 저는 '과연 내가 잘해낼 수 있을까?' 생각하며 많이 망설였습니다. 하지만, 어느 날 저는 머뭇거리고만 있는 저 자신에게 엄지를 치켜세우며 '난 정말 최고가 될 수 있어.'라고 격려하며 최고를 꿈꾸기 시작했습니다.

　남들이 알아주는 최고를 지향하기보다는, 누구보다도 먼저 나 자신이 나를 최고라고 격려해 주고 인정해 줘야만 잠재의식이 나를 성공으로 이끌어 줄 수 있겠다는 생각을 했습니다. 저는 변화의 시작은 선언과 결심이라고 믿습니다. 나 자신을 최고라고 선언하고, 앞으로 그렇게 살기로 결심만 한다면 분명히 그렇게 될 수 있다는 것을 믿습니다. 그리고 그 믿음은 이제 현실이 되었습니다.

　제가 다른 교수님이나 강사님들과 비교해서 최고라는 말은 아닙니다. 왜냐하면 강의는 서로 단순하게 비교할 분야가 아니기 때문입니다. 강의를 하시는 분마다 같은 주제라도 콘텐츠가 조금씩 다르고, 강의 방법도 다르니까요. 그래서 저는 감히 저의 강의만큼은 우리나라, 아니 세계 제일이라고 자부할 수 있게 되었습니다. 하지만 공부는 끝이 없지요. 앞으로도 더 유익한 강의를 위해, 더 훌륭한 교육자가 되고자 남이 아닌 저 자신과 경쟁하며 최고의 봉우리를 쌓아가려고 노력 중입니다.

❷ 검지 : **방향**

　제가 강의의 길에 처음 접어들었을 때 여러 가지 어려움 중의 하나는 "무엇을 어떻게 해야 할 것인가?" 하는 방법론 상의 문제였습니다. 어떻게 해야 청중에게 정말 도움이 되는 명강의를 해 낼 수 있을까? 어떻게 해야 강의 내용을 더욱 재미있고 더욱 쉽게 설명을 해낼 수 있을까? 어떤 식으로 자기 학습을 해야 탄탄한 실력을 갖춰나갈 수 있을까? 등의 올바른 방향을 찾으려고 저 나름대로 온 힘을 다하고자 했습니다. 그때 도움이 되었던 것이 이미지 메이킹을 공부할 때 접했던 다섯 단계의 프로세스였습니다.

첫째, 자신을 알라! Know Yourself!

먼저 '나는 누구인가? 나는 무엇을 좋아하고 무엇을 잘하는가? 나의 장점은 무엇이고 단점은 무엇인가?' 등을 열심히 고민해 보았습니다.

둘째, 자신을 개발하라! Develop Yourself!

그리고 스피치 커뮤니케이션 교육 분야에 뛰어들기로 하고 열심히 공부를 하고 연구했습니다. 대학원이나 교육기관 등 다양한 곳에서의 교육을 받는 것뿐만 아니라 관련 서적, 논문, 잡지, 인터넷, 외국 자료 등을 독파해 나갔습니다. 그러면서 강의 경험을 쌓아 나가는 것을 병행했습니다.

셋째, 자신을 포장하고 상품화시켜라. Package Yourself!

나 자신을 포장하고 상품화한다는 것이 처음엔 불편한 마음이 들었지만, 우리가 선물할 때 포장을 해서 드리는 것도 정성이라 생각하니 밝은 느낌을 가질 수 있었습니다. 그래서 여타 기관에서 수여하는 상들도 처음엔 겸허한 마음으로 고사하기도 했지만, 나중엔 당당히 받았습니다. 그리고 경력 관리도 해 나갔습니다.

넷째, 자신을 알리고 광고하라. Market Yourself!

아무리 좋은 물건도 알려지지 않으면 팔리지 않듯이 강의 분야도 마찬가지라는 생각이 듭니다. 훌륭한 실력을 갖추고 있어도 사람들이 모르면 초청을 할 수 없는 것은 당연한 이치겠지요. 그래서 저의 홈페이지도 개설하고 다양한 경로로 저를 알리기에도 힘썼습니다.

다섯째, 자기 자신이 되라. Be Yourself!

다른 강사님들을 보면 다양한 분야에 재능이 있는 분들이 많습니다. 아나운서처럼 물 흐르듯이 유창하게 강의하시는 분들, 다양한 개인기로 좌중을 웃음바다로 만드시는 분들 등 부러운 능력을 갖추고 계시는 분들도 많습니다. 처음엔 저도 그러한 분들을 모방하고 따라가고 싶기도 했지만, 그것이 좋은 길이 아님을 금방 깨달을 수 있었습니다.

결국 저 자신만의 개성을 담뿍 담은 김현기다운 강의가 저에게 가장 어울리며 자연스럽고 청중에게도 가슴에 와 닿는 최고의 강의라고 생각했습니다. 그런 마음을 담아 강의에서 저는 저의 이름을 활용해 다음과 같이 삼행시로 풀어내곤 합니다. '김치처럼 언제나 함께 하고 싶은 강사, 현란한 말솜씨를 자랑하는 강사가 아니라, 기억에 오래 남는 강사가 되겠습니다.'

❸ 중지 : 여러 사람의 지혜

중지를 모으십시오. 혼자 생각하고 판단하는 것보다 서로 함께 중지를 모으는 것이 지혜로운 결정을 내리게 될 것입니다. 그래서 우리 인간은 더불어 살아가는 사회적인 존재이죠.

강의를 해 나가면서도 느껴지는 점은 사람이 크게 성장하고 발전하려면 혼자의 힘으로 모든 것을 이룰 수는 없다는 것입니다. 제가 풀어내는 여러 가지 강의 내용 역시 제가 밤을 지새우며 연구한 독창적인 부분도 많지만, 그러한 모든 것도 무에서 창조된 것이 아니라 선현들의 지혜 그리고 선행 연구자들의 가르침과 도움을 많이 받아 온 것이기도 합니다. 그래서 저는 언제나 겸허한 마음으로 귀를 열고 마음을 열고 배우려는 자세를 가지려고 노력해 오고 있습니다.

제가 다루는 분야는 특히 스피치 커뮤니케이션 분야이기 때문에 인간관계와 관련된 강의를 하는 강사로서 다른 분들과 원만하게 협력을 이뤄 나감이 무엇보다도 중요하다는 것을 가르치며 실감하고 있습니다. 큰 성공을 이루려면 독불장군이 되어선 안 될 것입니다. 인맥이 곧 재산이라고 저는 생각합니다.

❹ 약지 : 반지

결혼반지는 약지에 끼워집니다. 반지는 사랑의 증표입니다. 부부 사이에도 다툼이 있을 수 있지만, 그런 경우는 반지를 보며 사랑의 의미를 다시 되새기게 되죠. 강의를 하는 저에게는 가끔 어렵고 힘들 때 저 자신을 다시 가다듬게 하고, 다시금 힘을 얻게 하는 결혼반지와 같은 것이 있습니다.

그것은 두 가지인데 첫째는, 저의 사명 선언문입니다.

사명 선언문은 인생을 살아나가는 데 있어서 나침반과 같은 역할을 합니다. 나침반 없이 항해를 한다면 망망대해에서 표류하거나 암초에 부딪히게 되겠죠. 인생이란 바다를 항해하는 우리도 마찬가지로 사명 선언문이란 나침반을 가지는 것이 정말 필요하다고 생각합니다. 사명 선언문에 대해 자세히 알고 싶은 분은 로리 베스 존스의 저서인 『기적의 사명 선언문』을 필독해 보시기 바랍니다.

저의 사명 선언문을 여기에 옮겨 봅니다.

'나 김현기는 강의와 책, 칼럼 등을 통해 스피치와 커뮤니케이션 문제로 고민하고 있는 많은 사람에게 효과적인 기법을 전수하고 자신감을 향상시켜 주며, 모두가 행복하게 살아갈 수 있는 지혜를 전파하는 데 나의 열정과 신명을 바칠

것이다. 또한 2015년까지 20층 규모의 사회교육센터를 설립할 것이다.'

두 번째는 강의를 들은 분들로부터 받은 감사와 격려의 메시지입니다. 교육자로서의 가장 큰 기쁨을 느끼는 때도 바로 그러한 긍정적인 피드백을 받을 때입니다. 그런 점에서 저도 마찬가지로 많은 분에게 격려와 칭찬을 아끼지 않는 교육자가 되리라고 늘 다짐하며 실천에 옮기고 있습니다.

❺ 소지 : 약속

우리는 어린 시절 약속을 할 때 새끼손가락을 걸며 서로 마음을 다짐하곤 했었지요. 저는 스피치 교육자로서 저 자신과 새끼손가락을 걸며 약속을 합니다. 눈이 오든, 비가 오든, 바람이 불든, 스피치 교육을 요구하는 분들이 계신 곳이라면 언제든지, 어디든지 달려가겠다고.

그리고 단기적인 소망을 하나 해 봅니다. 그것은 바로 몇 년 전 문득 '아침 마당'이란 텔레비전 프로에 나가 전 국민을 향한 스피치 교육을 하겠다던 바람입니다. 저는 굳은 믿음은 현실이 된다는 것을 믿습니다. 부처님께서도 모든 것은 마음에 달렸다고 일체유심조(一切唯心造)를 설파하셨고, 예수님께서도 "내가 진실로 너희에게 이르노니 누구든지 이 산더러 들리어 바다에 던져지라 하며 그 말하는 것이 이루어질 줄 믿고 마음에 의심하지 아니하면 그대로 되리라. 그러므로 내가 너희에게 말하노니 무엇이든지 기도하고 구하는 것은 받은 줄로 믿으라. 그리하면 너희에게 그대로 되리라. (개역 개정판 마가복음 11:23~24)"라고 말씀하셨습니다.

머지않아 저의 작은 바람도 곧 현실로 이루어지기를 믿어 봅니다. 저의 바람과 믿음이 현실이 되는 모습을 여러분께서도 격려와 사랑의 눈길로 지켜봐 주시기 바랍니다. 그리고 저는 저의 사명을 향해 언제나 열심히 힘찬 발걸음을 내디딜 것입니다. 독자 여러분의 많은 사랑과 성원을 부탁합니다.

02 저자 김현기는 ...

1. 김현기 교수는 청중과 함께 호흡하는 강의를 지향합니다.

　청중의 욕구를 파악해서 그들이 원하는 강의를 하려고 노력하고 있습니다.
　교육생들의 요구에 맞는 강의 자료를 준비해 갔지만, 막상 연단에 서게 되면 전개되는 상황이 준비한 내용과 맞지 않을 경우가 있습니다. 그럴 때는 준비한 내용을 과감하게 버리고 그동안의 경험을 살려 유동적이고 탄력적으로 대응합니다.

　또한 청중과 함께 호흡하는 수업을 하려고 합니다. '나 잘난 체' 하는 방식으로 뭔가 보여 주려고만 하는 강의가 아니라, 그들이 제 강의를 함께하면서 '뭔가 느끼고 스스로 깨달을 수 있다면…, 작은 도움이라도 될 수만 있다면….'이라는 그들을 사랑하고 위하는 소박한 마음으로 강의를 준비합니다.

2. 김현기 교수는 다음과 같이 말합니다.

"강의는 나의 존재 가치의 표현 수단입니다. 그리고 기쁨이자 보람입니다."

강의는 정말 저에게 삶의 기쁨이자 보람이요, 제가 살아가는 존재 이유라고 믿고 있습니다. 세상을 위해 이바지하는 방법은 여러 가지가 있겠지만, 무엇보다도 자신이 좋아하고 잘할 수 있는 것으로 봉사하는 것이 최선의 길이라고 생각합니다.

강사가 나의 길이라면 강의는 나의 힘(power)이라고 말씀드리고 싶습니다. 자신만의 걸림돌로 고민하시는 많은 분이 저의 강의를 통해 걸림돌을 디딤돌로 승화시키시기를 바랍니다. 또한 배움의 기회를 놓치신 분들이나 삶의 질적 향상을 위해 노력하시는 분들에게 지금부터라도 시작하면 될 수 있다는 강한 자신감과 열정을 제 강의를 통해 전달해 드리고 싶습니다.

3. 김현기 교수는 다음과 같은 주제로 강의를 펼칩니다.

- 누구나 쉽게 익힐 수 있는 핑거 스피치
- 상대방의 마음을 사로잡는 스피치 커뮤니케이션 기법
- 청중 다수에게 효과적으로 자신의 견해를 전달하는 대중 스피치 기법
- 발표불안 극복과 자신감 향상
- 인간관계 커뮤니케이션 스킬
- 성공 면접을 위한 스피치 전략 전술
- 서론·본론·결론의 내용 구성을 중심으로 한 파워 스피치 특강
- 성공을 부르는 스피치 커뮤니케이션 스킬
- 웃음치료 전문 강사들을 위한 스피치 기법
- 성공하는 삶과 리더십 향상
- 토론 능력 향상과 설득 커뮤니케이션 기법
- 자신을 돋보이게 하는 스피치와 이미지 메이킹 전략 전술
- 열정적인 자기변화의 성공학
- 쉽고 재미있고 유익한 K.H.K 강의 기법(효과적인 김현기 교수 기법)
- 파워 포인트 등 시각 자료를 활용해서 청중에게 명쾌하게 메시지를 전하는 프레젠테이션 기법 외 다수

연락처
- 스피치바이블닷컴 (http://www.speechbible.com)
- E-mail : speech@speechbible.com
- H.P : 010-2272-6188
- Tel : 02) 436-7020